法と社会科学をつなぐ

飯田 高＝著
Takashi Iida
Connecting Law and Social Sciences

有斐閣

まえがき

本書は、二〇一三年四月から二〇一五年三月にかけて『法学教室』に連載された「法の世界へのバイパスルート——社会科学からみる法制度（一）〜（二四）」に、三節分（⑱・⑳・㉓）を追加して編集し直したものです。

この連載および本書の目的は、「社会科学（経済学、社会学、心理学など）における概念を題材として、社会科学と法の世界との接点を探っていく」ことにあります。法解釈学とは異なる視角を提示して、なるべく具体例を示しながら、法学の考え方との異同の一端を描くことを試みました。

法学の考え方と他の社会科学分野の考え方の間には、架橋しがたい大きな断絶があると思われていることがしばしばあります。たしかにそういう部分はあるでしょう。しかし、思考プロセスは異なるように見えるけれども結論は同じ、あるいは、実は思考プロセス自体もそれほど異なっておらず表現のしかたが違うだけ、といったこともよくあります。

そして、たとえ思考プロセスが本当に異質なものであったとしても、目指しているところは変わらない、というのもまたよくあることです。つまるところ、法学も他の社会科学分野も、どのようにより良い社会を創って人々の幸福を増進するか、という大きな問題に取り組んでいる点では同じなのです。

目的地へと至る道は、複数あっても損をすることはありません。異なる道があれば予備的に使えるので多少なりとも心強いでしょうし、一方の道に飽きたときに別の道を使うということもできます。また、眼前に開けてくる目的地の様子も、もしかすると違ったものになるかもしれません。

連載のタイトルにあった「バイパスルート」には以上のような意味を込めていましたが、今回はもっと直截的に、『法と社会科学をつなぐ』という書名にしています。

「バイパスルート」の連載はもともと単行本化を予定していたわけではなく、私は毎号読み切りのつもりで執筆していました。そのため、各節の関連がわかりにくくなっている部分も少なからずあるのではないかと危惧しています。おおむね連載五回分を一つの章としたうえでイントロダクションと結語（***Concluding Remarks***）を各章に入れるなど、流れを見失わないように手は入れたつもりですが、初めに本書の概要を示しておくほうが読者の便宜に適うでしょう。

本書の前半部で最もよく出てくるのは経済学の概念、なかでもミクロ経済学およびゲーム理論の概念です。第一章は、個人の意思決定に関する五つの節からなっています。この章で扱うのは、「合理的」な個人の意思決定とはどういうものか、個人の意思決定と社会の状態との間にはいかなる関係があるのか、といった問題です。

続く第二章は「戦略的思考」をテーマとしています。複数の個人が存在する場面では、各人が他者の意思決定を考慮しながら自らの意思決定を下す、という状況が頻繁に生じます。言い換えると「意思決定の相互作用」が発生するわけですが、このような場面の分析はゲーム理論が得意とするところです。第二章ではいくつかの種類のゲームを取り上げて法との関連を述べています。

第二章までは個人レベル（ミクロ・レベル）の分析が中心になるのに対し、第三章では社会レベル（マクロ・レベルないしメゾ・レベル）の分析に重点が置かれています。相互作用のあり方によって、個人の意思決定の結果として現れる社会現象は違った様相を見せることがあります。この章では、市場やネットワークなど、「相互作用の構造」に関係する五節を集めています。

第四章以降は、心理学の概念が徐々に多くなっていきます。法との関わりが深い心理学上の概念はたくさんありますが、第四章は社会的ルールを支える心理、すなわち「規範意識」をメインテーマとしています。おそらく本書の中で私自身の研究関心が最も強く投影されている章で、通常は自然科学系として括られている諸分野とのつながりにもできるだけ触れようとしています。

第五章は認知心理学や社会心理学、そして社会学の領域と関係するテーマを扱っています（とは言っても五節分しかありませんので、本書で取り上げた経済学上の概念にも関係するテーマに絞っています）。本書中盤ではマクロ・レベルの話をしていましたが、そこでの考察を踏まえつつ、再びミクロ・レベルの話に舞い戻る、ということになります。

最後に、終章では二つの節を収め、本書全体のまとめとしています。終章にも結語をつけようかとも思いましたが、連載最終回の時点で私が言いたかったことはだいたい尽くされているような気がしたため、蛇足は加えないことにしました。

ここで、何点か注意事項を記しておきます。

(i) もとは読み切りの記事ですから、どこから読んでくださっても大きな支障はありません。適当に拾い読みしてくださるだけでも結構です。引用文献・主要参考文献が各節の末尾に配置されているという煩さについては、ご海容いただければ幸甚です。なお、巻末に文献案内を付しておきましたので、こちらもあわせてご活用ください。

(ii) 本書では、何らかの具体的な政策提言を行うつもりはありません（ですから、どうかそのような期待はしないでください）。ただし、現実の問題を解くための政策提言にどこかで結びつくようなヒントはある、と考えています。今は明瞭なわかりやすい結論を素早く出すことがとかく重宝される傾向がありますが、一進一退しながら漸進的に現代社会の問題を解明していこうという姿勢も大事だと思います。

(iii) 『法学教室』に連載しておいて今さらこんなことを書くのも気がひけますが、本書は法解釈学の勉強には直接は役立ちません。しかし、だからと言って法律を学ぶ人にとってまったくの無意味だというわけではなく、次のような効能くらいはあるといいなあ、と思っています。

・法解釈の前提になる事実認識を別の角度から研ぎ澄ますためのきっかけとなる。

・現在の法や法制度に欠けているものが何であるかを認識するためのきっかけとなる。

・法に何ができるのか、そして何ができないのかを分析するためのきっかけとなる。

各章末にある ***Questions*** は、さらに考察を進めるための問いの例です。示しているのはほんの一例で、他にもさまざまな問いが考えられると思います。

読者の皆さんにとって何か得るところがあるとすれば、私にとって望外の喜びです。

目次

第二章　複数の個人の意思決定 ―― 053

Chapter

1

第一章

個人の意思決定

【*Introduction*】

法は個人の意思決定にどのように作用し、社会にいかなる帰結をもたらすのだろうか。

まず本章では、この問いに答える準備をするために、「合理的な個人の意思決定とはどういうものなのか」（①・③・④）、そして「個人の意思決定と社会状態との間にはどのような関係があるのか」（②・⑤）というテーマを扱う。

言うまでもなく、実際の人間はつねに合理的な意思決定をしているとは限らない。その意味で、合理性の仮定はフィクションにすぎない。しかし、フィクションは考察の出発点としては非常に有用でありうる。それは、複雑で多様な世界をいったん単純化することで、社会のメカニズムをより明晰に解き明かせるようになるからである。

「単純化による明確化」の方法を武器として著しい発展を遂げているのは経済学である。経済学的な考え方の利点は、個人の「インセンティブ」を考慮した視点を養えることと、個人の行動が社会に「意図せざる結果」をもたらす可能性に気づかせてくれることにある。

経済学の考え方と法（および法学）の考え方は異なるとよく言われるが、似ている部分もたしかにある。本章では、双方の考え方の異同にも触れながら、経済学の考え方を法現象の分析に用いることの意義について述べていく。

① インセンティブ

何が人を駆り立てるのか

▼ソポクレスと太陽

古代ギリシアの文人アテナイオスの手になる『食卓の賢人たち』には、次のような話が引用されている（念のため先に書いておくと、当時のギリシアでは少年愛《パイデラスティア》はごく普通のことであり、むしろ社会的義務とされることさえあった）。

悲劇作家ソポクレスは、ある見目麗しい少年と事を運ぼうとして、彼を市壁の外へ連れ出した。少年は自分の外衣を草の上に広げ、二人はソポクレスの着ていた肩掛けに一緒にくるまった。ところが事が終わると、少年はソポクレスの高価な肩掛けを持ち去ってしまう。

ソポクレスのもとには少年の外衣だけが淋しく残されたわけだが、この一件が噂になり、ライバルの悲劇作家エウリピデスの耳にも届くことになる。彼は「俺もその少年と懇ろになったが、俺は何もくれてやらなかった。ソポクレスはみだらだから見くびられたのだ」と冷やかした。これを聞いたソポクレスは、エウリピデスの不義をほのめかすエピグラム（寸鉄詩）を作り、彼に宛てた。

「私に肩掛けを脱がせたのは太陽のせいであって、少年のせいではないのだ。それにひきかえ君ときたら、他人の妻とよろしくするのは北風が吹いていたからなんだろうね。君は愚かだね、他人の畑に種をまきながら、エロス神を追いはぎとして訴えるなんて。」

言うまでもなく、このエピグラムはイソップ寓話の「北風と太陽」を踏まえている。どちらが強いか言い争っていた北風と太陽が、旅人の服を脱がせるという勝負を行う（上着だけ脱がせればよいというバージョンもある）。北風は力いっぱい吹きつけて旅人の服を飛ばそうとするが、旅人は寒さを嫌ってしっかり服を押さえるばかりで、疲れ果てた北風は太陽に番を譲る。太陽ははじめゆっくりと照りつけ、旅人が着込んだ服を脱いでいくのを見ながら、徐々に熱を強めていった。ついに旅人は暑さに耐えかね、自ら服を全部脱いで川へ水浴びに行く。

この北風と太陽の寓話には、「説得は強制よりも勝る」「厳しい態度でなく優しい態度で接したほうがうまくいく」というような教訓が付記されていることが多い。調べてみると、説得が強制よりも有効だという解釈はヴィクトリア期に定着したものらしく、この寓話の解釈は時代とともに少しずつ変わってきている。節度を守ることを説いた話なのだと考えた人もいれば、キリスト教の教えに引きつけて解釈した人もいた。ソポクレスのエピグラムを見ても、今挙げた教訓とはやや異なるイメージでこの寓話が捉えられていたような印象を受けるかもしれない。

▼外発的なインセンティブと内発的な動機づけ

私自身はずいぶん後になって知ったのだが、次のような話が前に付け加わる場合もある。北風と太陽は、旅人の帽子をとる勝負を行っていた。まず太陽が旅人を燦々と照らして暑くしようとしたところ、旅人は日射しを防ぐためにかえって帽子を深くかぶってしまう。次いで北風が思い切り吹きつけると、帽子は簡単に吹き飛んでいった（その後は前記のとおり）。この気の毒な旅人の話の教訓は、「どんなことにも適切な方法があり、つねに最良と言える方法はない」ということである。とろうとするものが何であるかにかかわらず、北風と太陽の寓話では**インセンティブ**をうまく扱えなかったほうが負けている。

インセンティブとは、「ある個人に特定の行動を選ぶように仕向ける要因」を指す言葉である。この〝incentive〟の語源をたどってみると、「音楽を奏でる」ことと「火をつける」ことの両方が関係していたという。これらは人の気持ちを動かすという点で共通しており、要するにその気を起こさせる外からの刺激がインセンティブなのである。太陽はインセンティブを意識的に使い、帽子をとる勝負では失敗し、服をとる勝負では成功を収めている。それとは対照的に、北風はどちらの勝負でもインセンティブを使おうとしていない。それどころか、自分の意図しない方向に作用するインセンティブを旅人に与えてしまってもいる。

このインセンティブという考え方は、社会科学の支柱としての役割を陰に陽に果たしてきた。たとえば、経済学は金銭に関する学問と表現するよりは、インセンティブの構造に関する学問と表現したほうが実態に近い。経済学の主たる舞台である「市場」というものは、インセンティブを活用して人々の満足度を高めようとするしくみの一つと考えることができる。現在の経済学では、狭義の市場のみならず、インセンティブを提供するしくみや制度が広く視野に入れられている。

インセンティブを検討の対象とする学問分野は経済学だけではない。人間行動を探究する際には必然的にその原因や理由について考察を進めることになり、類似の概念が他の分野でもしばしば登場する。心理学の文脈では、インセンティブは**外発的動機づけ**（extrinsic motivation）と大まかに対応している。金銭的・物理的な報酬や処罰だけでなく、他者からの承認・非承認などによってもたらされる動機づけもここに含まれる。

外発的動機づけ（≒インセンティブ）と対になる概念は**内発的動機づけ**（intrinsic motivation）であり、こちらは賞罰に依存しない動機づけを指す。行動そのものが目的になっている状況、たとえば美術鑑賞やゲームをしている場面を一例として考えていただければよいだろう。

内発的動機づけと対比すると、インセンティブは外からただ一方的に与えられるもののようにも見えるかもしれない。しかし、インセンティブの妙は、「当の個人は自ら選択を行っていると思っている」という性質を備えている点にある。先の寓話の中で太陽の方略が説得や優しさになぞらえられているのは、旅人が「自発性」をもつ余地を——本当に自発的か否かはさておいて——太陽が残しているからであろう。ソポクレスの太陽に至っては、旅人の太陽よりもさらに巧みに「自発性」の幻想を操っているようにも思える。いずれにせよ、このカギ括弧つきの「自発性」ゆえに、外発的なインセンティブと内発的動機づけの境界が明らかでないことも多々ある。

▼インセンティブとしての法

境界をどこに設定するにしても、法は外発的なインセンティブにも内発的な動機づけにも関わっており、他のさまざまな制度とならんで人間行動をコントロールしている。

法が人々の「自発性」を完全に封じてしまうこともあるが、たいていの場合、法は人々の自律的な意思決定を通じて行動をコントロールすることを目指している。刑罰や行政罰、あるいは損害賠償義務などを使う方法、税金や賦課金といった金銭を徴収する方法、逆に税制上の優遇措置やその他の経済的利益によって誘導する方法、違反者の氏名や名称を公表する方法、こういった方法はすべてインセンティブを用いている。

多くの人にとって法は、「強制のための手段」であると同時に「意思決定に影響を及ぼす要素」として立ち現れる。法はインセンティブを提供するための道具なのである。

このように人間行動をインセンティブの観点から捉えるのには大きな意味がある。というのは、他者の行動を説明しようとするとき、性格や気質といった内的要因を過度に重視する一方で、環境や状況などの外的要因を軽視する傾向が私たちにあるからである。

たとえば、ある組織に属する人が違法行為をしたという事件を見聞きすると、たとえ真の原因が別の点にあったとしても、その人の性格に原因を帰属させがちである。これは「基本的帰属錯誤(fundamental attribution error)」または「対応バイアス(correspondence bias)」と呼ばれるが、インセンティブの概念を頭の片隅に置いておけば、こうした錯誤は少なからず防げるだろう。

法と人間行動を考えるときに問題となるのは、法がいかなるインセンティブを与えられるのか、そして法の意図するインセンティブと現実のインセンティブがどのくらい合致しているのか、ということである。しかし、これらは十分に解明されているとは言いがたい。

その一因は、行動に対する法の効果を研究する人たちが外発・内発の二分法にこだわりすぎていたという事情にある。つまり、「法が発動する正または負のサンクションによる外からの動機づけ」と「法の正統性や道徳に関係する内からの動機づけ」のどちらがより重要か、という問題設定が幅を利かせていたのである。

実際には、先ほど述べたように、外発と内発はあまりはっきりとは区別できない場合がある。それと同様に、法も意思決定に対しては微妙な形で働きかけをしている。

例を挙げよう。心優しい甲さんは、他の人たちのためになることをしたいと願っている。ここで、行為X（例・エコ商品の購入、シートベルト着用、予防接種など）を奨励するルールが定められたとする。甲さんはこのルールができたのをみて「Xはいろんな人たちの利益に適うのだ」と推論し、積極的にXを行うようになった。さて、甲さんがルールに沿う行動をとったのは、外発的インセンティブによるのだろうか、それとも内発的動機によるのだろうか？

インセンティブは私たちが意識していないところで影響を与えてもいる。ある実験研究によれば、お金のことを考えるだけで人々の自己充足感は高まり、他者に依存しない（させない）個人主義的傾向が強くなるのだという（Vohs *et al.* 2006）。こうなると、何が外で何が内かはますますわからなくなる。金銭の効果だけでも複雑なのだから、法の効果はなおさらである。

▼インセンティブの逆効果

帽子をとり損ねた太陽と同じように、インセンティブは逆効果を生むことすらある。法との関連で最も引用されているのは、次のフィールド実験であろう（Gneezy and Rustichini 2000）。実験の対象となったイスラエルの民間の託児所（一〇か所）は、一歳から四歳までの幼児を三〇名ほど預かっていた。親が所定の時間に遅れて子を引き取りに来たときに罰金を徴収すると、親の遅刻は減るだろうか。それを調べるため、一〇施設のうち六施設では親が一〇分以上遅刻した場合に罰金を徴収することになった（一方、残りの四施設は徴収しなかった）。すると、罰金制度を導入しなかった四施設と比べ、導入した六施設では遅刻する親の人数が有意に増加するという結果が観察された。しかも興味深いことに、罰金制度をやめた後も、六施設では遅刻率は高止まりしてしまったのである。

この実験結果には何とおりかの解釈がありうるが、その一つに「罰金の導入によって人々の状況把握のしかたが変化した」という解釈がある。すなわち、所定の時間を経過した後も子供を預かる託児所側の行動が、「好意で行っていること」ではなく「お金を取って行うサービス」として認知されるようになった、という解釈である。言い換えると、罰金導入により、非金銭的であった社会的交換関係が金銭ベースの取引関係に変質したのである。

これとは別に、インセンティブが内発的動機づけを阻害すること（クラウディング・アウト）を示唆する研究も数多く存在する。インセンティブの働き方を私たちが正確に理解できるようになるまでには、まだまだ長い道のりがありそうである。

引用文献

・Kathleen D. Vohs, Nicole L. Mead & Miranda R. Goode, *The Psychological Consequences of Money*, 314 SCIENCE 1154（2006）

・Uri Gneezy & Aldo Rustichini, *A Fine is a Price*, 29 J. LEGAL STUD 1（2000）

主要参考文献

・山岸俊男『社会的ジレンマ』（PHP研究所、二〇〇〇年）

・梶井厚志『戦略的思考の技術』（中央公論新社、二〇〇二年）

・亀田達也＝村田光二『複雑さに挑む社会心理学〔改訂版〕』（有斐閣、二〇一〇年）

・Yuval Feldman, *The Complexity of Disentangling Intrinsic and Extrinsic Compliance Motivations*, 35 WASH. U. J. L & POL'Y 11（2011）

② 意図せざる結果

法の影響を認識するために

▼ストライサンド効果

まだグーグル・アースがなかった二〇〇二年のこと。環境保護活動家でありアマチュア写真家でもあったケネス・アデルマン（Kenneth Adelman）が「カリフォルニア海岸記録計画（California Coastal Records Project）」なるものを立ち上げた。これは、ヘリコプターから州内のすべての海岸線を撮影して公開し、海岸浸食の様子を経時的に研究できるようにする、という殊勝な内容のプロジェクトである。

翌年、カリフォルニア州マリブの海岸近くに邸宅を構えていた歌手、バーブラ・ストライサンド（Barbra Streisand）がこのプロジェクトに嚙みついた。自分の邸宅がネット上の写真に載っているのは困るということで、航空写真の公開を差し止めようと訴訟を起こしたのである。

だがこの行動は逆効果になった。提訴がニュースで報じられたため、豪邸はかえって世の耳目を集めてしまう。問題になった航空写真の閲覧数も飛躍的に増加するという結果を招いたのだった（しかも裁判所は彼女の請求を退けた）。

この現象にはいつしか「ストライサンド効果」という名称が与えられるようになった。「インターネット上の情報を隠したり消したりしようとする行動によって、当人の意図に反してその情報が広がってしまう」のがストライサンド効果である。社会学においてはより抽象度の高い概念があり、行為者の意図とは異なる帰結がもたらされることを引っくるめて**意図せざる結果**（**unintended consequences**）と言う。したがって、ストライサンド効果は「意図せざる結果」の一例である。

訴訟に限らず、法律の世界では「意図せざる結果」はしばしば観察される。特に、立法者の意図とは違った結果が生ずる事例は古今東西いろいろな形で現れている。少し例を挙げてみよう。

(1)　一九七三年、アメリカ合衆国で絶滅危惧種保護法（Endangered Species Act）という連邦法が制定された。保護対象とされた生物の生息地を破壊する行為はこの法律によって禁じられており、生息地として指定されると土地利用には制約が課される。キツツキの一種であるホオジロシマアカゲラも保護対象だが、土地所有者の中には、木を切り倒してこの鳥が生息できないようにする「焦土作戦」をとった人たちがいた（Lueck and Michael 2003）。

(2)　日本で二〇〇一年から施行されている情報公開法（行政機関の保有する情報の公開に関する法律）の目的は、行政文書の開示請求権を保障することによって行政の透明性を高め、主権者である国民が行政をよりよく理解・批判できるようにする、ということにある。ところが、いくつかの新聞記事によると、一部の役所では文書の作成を減らして情報を制御しようという風潮が強まっていたらしい（日本経済新聞二〇〇二年八月一一日朝刊、朝日新聞二〇〇三年四月二三日朝刊）。

(3) 前述の事例はネガティブだが、ポジティブな「意図せざる結果」もある。一九八五年に成立した（旧）男女雇用機会均等法は、募集・採用・配置・昇進に関する均等な取扱いを努力義務としているだけだったため、施行前はこの法律の効果については疑問視する向きも多かった。しかしいざ施行してみると、均等法は大方の予想を上回る影響を社会に及ぼすことになる。たとえば、均等法成立直後の一九八六〜八七年に大卒女子を採用する企業の数が倍増し、男女別枠採用も半減した（アッパーム一九八七）。

▼「意図せざる結果」前史

「意図せざる結果」の概念を確立したのは、アメリカの社会学者ロバート・キング・マートン（Robert King Merton：1910–2003）とされる（Merton 1936）。ただし、「意図せざる結果」の現象に気がついたのは彼が最初ではなく、ずっと前の時代を生きた思想家や社会科学者たちもこうした現象に関心をもっていた。各人の私益の追求がゆくゆくは公益を促進しうることを見抜いたバーナード・デ・マンデヴィル（Bernard de Mandeville：1670–1733）やアダム・スミス（Adam Smith：1723–

1790)、透徹した分析によって資本主義経済の行く末を見極めようとしたカール・マルクス(Karl Marx:1818-1883)、プロテスタンティズムの副作用に想到したマックス・ヴェーバー(Max Weber:1864-1920)など、題材こそ相異なるが、彼らはみな意図的行為の意外な帰結について考察している。

政策の局面でも、「意図せざる結果」をめぐる議論は幾度となく顔を出してきた。

一七世紀後半、イングランドの議会では利子率を引き下げるべきか否かという経済問題が盛んに論じられ、利子率の上限を引き下げる法案がたびたび提出されていた。利子率が引き下げられれば、それは借り手にとって利益になるとともに、資金の供給が増えて経済が活性化されるだろう、と考えられたのである。そんな中、ジョン・ロック(John Locke:1632-1704)は利子率の引下げに反対する。彼の言い分はこうである。利子率の上限が法律によって引き下げられると、ただ闇金利が横行するだけで、結局のところ借り手が余分なコストを背負いこむことになる。たとえ法律が遵守されるとしても、そのときは貨幣の退蔵を招くはずであり、資金供給はむしろ減少して取引が阻害されるだろう。いずれにせよ借り手のためにはならず、法律の予期するプラスの効果も得られない。ロックの主張を採用したイギリスは、その後華々しい経済発展を遂げる。

これは三〇〇年以上も昔の話だが、現在とほぼ同型の議論を看取することができよう。ある特定の人々の味方になってくれそうな法が、実際には望ましくない作用を生み出すかもしれない。相対的に弱者とされる人々(労働者、消費者、高齢者、未成年者、障害者など)を保護するように見える法も、弱者保護による利益を凌駕する損失を別の箇所で発生させる場合がある。もっと悪いことに、保護されるはずの人々にとって酷な結果をもたらす場合さえある。しわ寄せがとんでもない場所に行ってしまったり、（先ほどのホオジロシマアカゲラと同じく）しわ寄せがめぐりめぐって元に戻ってきてしまったりすることがあるというわけだが、それらを防ぐためには、「しわ」の生成と移動のメカニズムを知ることができればよさそうである。

▼法・個人・社会

人間の認識能力には限界があり、そのうえ将来の出来事は確実にはわからない以上、「意図せざる結果」を完全に抑えることは望むべくもない。だからこそ人々は似たような議論を数百年にもわたって繰り返し行っているのだとも考えられるが、かと言って、進歩がまったくないわけでもない。事例の蓄積と理論の深化を通じ、要因のありかはゆっくりと特定されてきている。「環境や状況の変化」という明らかな要因はとりあえず脇に置き、法との関連で整理すれば、躓きの石は次の二つのレベルで存在すると言えよう。検討すべき問題は各レベルで立ちはだかることになる。

一つ目は、「個人が法に対してどのように反応するか」という個人レベルの問題である。先の事例(1)と(2)は、立法者が予想していたものとは違う行動を個人が選択した例になっている。このレベルの要因に基づく「意図せざる結果」には、行為者へのインセンティブに関する見込みが誤っていたケース、行為者の認識・判断能力の限界あるいは認知の歪みが要因となっているケースなどが含まれる。立法者の立場からしてみると、個々の行為者がとりうる選択肢を正しく把握することが不可欠となるだろう。

二つ目は、「個人の行動が集積した結果、社会はどのような状態になるか」という社会レベルの問題である。社会問題を考える際、そのアクターとして平均的な個人や代表的な個人が想定されることが多い。気をつけなければならないのは、社会的結果は単に個人の行動を寄せ集めたものではなく、個人の行動選択は社会全体の状態にそのまま結びつくとは限らない、という点である。

人々の行動の間には相互作用があるため、個人レベルでの現象と社会レベルでの現象とがまったく異なる様相をみせる可能性がある。したがって、個人について成り立つ命題が社会全体についてつねに成り立つわけではない。野球観戦中の観客が、試合の様子が見やすくなるように立ち上がったとする。たしかにその人の視界は良くなる。だが、観客全員が同じことをすれば全員の視界が良くなるかと言うと、そうはならない。観客の利害はお互いに影響を及ぼしあうので、個人の状態を改善する行動は必ずしも全体を改善する行動とはならないのである。

ミクロレベル（個人）とマクロレベル（社会）を相似の関係で考える誤りは**合成の誤謬**（**fallacy of composition**）と呼ばれるが、この誤謬も「意図せざる結果」の一因となる。

▼個人と社会のモデリング

どちらの場合も、人間や社会というものをどのようなイメージで捉えるか――換言すれば、モデリングのしかた――が一つの鍵となる。およそ科学においては単純化が必須である、とよく言われる。複雑な世界の雑多な攪乱要素を選り分けて背後に潜むメカニズムを理解しようとするとき、世界を単純化して表現するモデルが助けになる。これは何も自然科学に限ったことではなく、社会科学でも事情は同じである。

普段はあまり意識されていないかもしれないが、法学でも個人と社会を描写したモデルは存在する。大雑把にまとめれば、現在の法学で主に使われるモデルは、権利・義務のタームで個人間の関係を表現するモデルである。特に紛争解決の場面ではこのモデルの有用性は高いが、ともすると人々がとりうる行動の範囲を見落としたり、現下の当事者や関係者に焦点を合わせすぎたりするきらいがある。

法が将来においてさまざまな人々をどのように動かし、社会がいかなる状態に移行するかを知るためには、別の単純化の方法も役立ちうる。なかでも、各人の行為選択と相互の影響関係を明示する経済学的モデルは大いに参照に値する。その経済学的モデルも他の諸分野の成果を吸収しながら発展してきており、改良の余地がまだまだ残されている肥沃な領野である。

現象のポイントを押さえたモデルは、社会に対する私たちの理解、ひいては法の機能に対する私たちの洞察をより深めてくれる。とは言うものの、モデルはやはり道具にすぎず、道具を選び取るのは私たちである。適切な道具を使うためには、いかなる結果が生じうるかに関してだいたいの見当がついていなければならない。逆説的ではあるが、どのような「意図せざる結果」が生じそうかがまったくわからなければ、せっかくのモデルも活用しようがないのである。だから、利用できるモデルのレパートリーを増やして守備範囲を広げつつ、あらかじめパターン認識を磨いておく必要がある。

そしてもちろん、そもそも「意図せざる結果」が現実に生じているのかどうか、生じているとすればどの程度なのかを知ることがまずもって大切である。どんな法であれ、立法前後の時期の熱心さのわりには、法がもたらしている帰結への私たちの関心は高いとは言いがたい。仮に「意図せざる結果」への上手な対策がなかなか見つからないとしても、結果をなおざりにしてしまうよりはたぶんましだろう。

引用文献

・Dean Lueck & Jeffrey A. Michael, *Preemptive Habitat Destruction under the Endangered Species Act*, 46 J. Law & Econ. 27（2003）
・フランク・アッパーム「アメリカの法律家の目から見た日本の雇用機会均等法」日本労働協会雑誌二九巻八号（一九八七年）四三頁
・Robert K. Merton, *The Unanticipated Consequences of Purposive Social Action*, 1 Am. Sociol. Rev. 894（1936）

主要参考文献

・Thomas C. Schelling, Micromotives and Macrobehavior, Norton（1978）
・土場学ほか編『社会を〈モデル〉でみる』（勁草書房、二〇〇四年）

・寺本振透「社会ネットワーク分析を法学に応用する」東京大学法科大学院ローレビュー五巻（二〇一〇年）三一九頁
・Duncan J. Watts, Everything Is Obvious, Crown Business（2011）〔青木創訳『偶然の科学』〔早川書房、二〇一二年〕〕

3 限界効果

神は細部に宿り給う

▼渡らずの橋とコンコルド

北海道斜里町に「越川橋梁」(正式名称「第一幾品川橋梁」)というコンクリート製の橋がある。高さ二二・六メートル、全長一四七メートルにもなるこのアーチ型橋梁は、戦時中に当時の土木技術の粋を集めて建設された鉄道橋である。元来この橋には、斜里駅(現・知床斜里駅)と根室標津駅(一九八九年廃止)を結ぶ国鉄「根北線」の線路が敷設される予定だった。建設に携わった労働者は過酷な条件のもとで強制的に働かされ、一一名もの人たちが命を落とすことになった。生きながらえた労働者の話によると、橋脚には人柱が埋められているともいう。

ところが、非常に残念なことに、この橋を列車が通る日は来ずじまいだった。戦後になって根北線は一部区間で営業を開始したが、越川橋梁が建っている区間までは線路が通じないまま、一九七〇年に根北線は廃止されてしまったのである。実際、残念の一言では片づけられないほど多大な労力と犠牲を払ってまで完成させた橋である。それなのに、この橋は戦時中の遺構としての意味しかもちえなかった。

橋の威容を目の当たりにすると、そして、建設当時の悲惨さを知ると、「なんともったいない、先人の苦労は無駄だったのか」という気がしてくる。しかし、この鉄道橋を使わなかったことは、少なくともその時点の経営判断としては至極真っ当だったと言わなければならない。晩年の根北線は、一〇〇円の収入を生み出すために二〇〇〇円以上も費用をかけなければならない大赤字路線だったのである。もし線路を完成させていたら、損失はさらに膨らんでいただろう。最後までやり遂げないのも、ときには美徳でありうる。

よりよい意思決定を行いたいとすれば、過去にどれだけ投資したかは考慮すべきではない。つまり、今までに注ぎ込んだ資源・労力・時間はどのみちもう戻ってこない**サンクコスト**（**sunk costs：埋没費用**）だから、将来に関する意思決定とは無関係である。

けれども、そうした過去の投資はしばしば私たちの脳裡をよぎり、意思決定を不合理にする場合がある。この心理現象は「サンクコスト効果」と呼ばれ、「コンコルドの誤り（Concorde fallacy）」という別名ももっている。イギリスとフランスの両政府は超音速旅客機コンコルドを共同で開発していたが、たとえ完成したとしても採算の取れる見込みが薄いことが途中で判明する。だが、すでに多額の投資をしてしまったのだから今さら後にはひけない、という理由で開発を継続する。結局、コンコルドは商業としては失敗に終わった。

▼限界革命

どうやら「コンコルドの誤り」は根深い現象らしく、学問の領域にも影を落とすことがある。現在では合理性を扱う学問と考えられている経済学も、サンクコストとみなされるはずの過去の投資を重視する理論を展開していた時期があった。たとえば、初期の経済学者たちの頭を悩ませた問題として、「商品の価値はどのように決まるか」という問いがある。「価値の本質は物に内在する何らかの量に由来する」という前提のもと、古典派の経済学者たちが価値を決定する要素として考えたのは、人間の労働、すなわち過去に投下された労働量であった（労働価値説）。この説によれば、商品には客観的な価値が内在することになる。

労働価値説には昔から疑問が投げかけられていたが、有力な代替案が示され、それが大きなうねりとなるのは一八七〇年代からであった。この時期の幾人かの経済学者たちは、客観的な価値の源を追い求めることはせず、個人の主観的な評価を議論の土台に据え始めた。これは経済思想史上の大変動であり（この「限界革命」以降の新しい経済学は新古典派と称される）、以後、人間の意思決定が明示的に経済学の守備範囲に含められるようになる。

財の消費によって、個人は効用（utility：さしあたり、満足度を示すものと思っていただければよい）を得る。ここで、財の消費をほんの少しだけ「追加的に」増やしてみると、効用も少しだけ増えるだろう。この微小の増加分を**限界効用**（marginal utility）という。過去は振り返らず、現在を基準とした変化に注目するのである。

Xさんが一杯五〇〇円のグラスワインを飲むかどうか考えているとしよう。一杯目がXさんにとって八〇〇円分の限界効用をもたらすとすると、代金を払っても差し引き三〇〇円分の利益が残るから、Xさんは一杯目を飲むだろう。

では二杯目はどうするか。通常、同じ財を消費すると飽きてくるため、二杯目の限界効用は一杯目の限界効用よりも小さくなる。けれども、二杯目がたとえば六〇〇円分の限界効用をもたらすなら、二杯目も飲むはずである。逆に、二杯目の限界効用が四〇〇円しかなければ二杯目は飲まない。限界効用が価格を上回る限り、Xさんはワインを飲み続け、下回れば飲むのをやめる。こうして導き出される消費量は、Xさんの得る利益の累計を最大にする消費量と一致する。次の電柱まで目指すマラソンランナーと同様、この意思決定における考慮要素は後ろ（過去）にはなく前（将来）にしかない。

最適な意思決定を行うためには、総量や平均値ではなく「追加される微小量」に着目し、その際に生ずる追加的な便益（限界便益）と追加的な費用（限界費用）とが等しくなる点を探せばよい。このような追加の微小量がもたらす効果は、**限界効果**（**marginal effect**）と言い表されることがある。限界効果とは、つまるところ微分である。微分法が関数の変化をつかむための優れた手段であるのと同じく、限界効果の分析は人々の意思決定や行動の変化をつかむための優れた手段である。

▼法の限界効果①——個人レベル

法の効果に関しても、微小量に着眼することで、限界効果を考えることができる。と言うより、コストパフォーマンスのよい法政策を案出したいのであれば、限界効果による評価を踏まえておくのが望ましい。一見もっともらしく思える直観的な政策論も、限界効果の点から見直してみると適切とは言えなくなる場合がある。

たとえば、他者に害を及ぼす行為（物を盗む、騒音を出す、迷惑な場所に駐車する、など）を抑止したいと政策担当者が考えているとしよう。こうしたときによく提案されるのは、有害な行為を実行した個人に対してサンクションを科すという策である。十分に大きなサンクションによって脅しをかければ、人々はそのような行為の実行を思いとどまるかもしれない。

注意を要するのはここから先である。まず、ある行為に関する意思決定は「実行する」・「実行しない」の二者択一とは限らず、程度や態様を選べるのがむしろ普通である。何をどれだけ盗むか。どれくらいの大きさの騒音を出すか。あるいは、何分くらい駐車するか。単一に見える行為であっても、仔細にみれば数多くの意思決定から成り立っていることがわかる。もし完璧な抑止が不可能だとすれば、有害性がより大きい行為を抑止すべきことになろう。

そうだとすると、サンクションは、行為の有害性が大きくなるほど厳しくなるように設定されていなければならない。なぜなら、仮にサンクションの大きさが有害性に関係なく一定になっているとすれば、より有害でない行為を選択するインセンティブが失われてしまうからである。サンクションに限界効果を発揮させるためには、段階的な設定が必要なのである。したがって、「刑罰は罪過に相応したものであれ（Culpae poena par esto）」という法原則は、衡平の観点からだけでなく、限界効果の観点からも正当化されうる。

この議論からは、「それ以上考えられないほどの不利益を刑罰として設定すると、抑止がなされない可能性が出てくる」というコロラリーが導かれる。最大限に重い刑罰の典型例は死刑であるが、死刑をもって処罰される行為をすでに実行した人にとっては、そこから先の追加的な刑罰はゼロになってしまう。諺にあるように、「毒を食らわば皿まで（As well be hanged for a sheep as a lamb：どうせ絞首刑にされるのなら、子羊を盗むよりは親羊を盗め）」なのである。もちろん、限界効果の話が死刑制度をめぐる論争に決着をつけてくれるわけではないけれども、問題点の摘示という点で意義はあろう。

一点だけ付言しておこう。限界効果の概念が出現する前の時代から、サンクションにまつわる類似の指摘はたびたびなされており、特にイタリアの法学者チェーザレ・ベッカリーア（Cesare Beccaria：1738-1794）の主張はよく知られている。彼の主著『犯罪と刑罰』には、後の限界革命以降に隆盛する思想へと連なるアイディアが随所に見られる。読んでいない方には一読を、もう読んだ方にも現代的または経済学的な視点からの検討をおすすめしておきたい（ちなみに、ベッカリーアは経済学者でもあった）。

▼法の限界効果②――社会レベル

以上に述べたことは、個人の意思決定や行動に法が与える限界効果についてのものであった。このような限界効果の考え方は、個人レベルのみならず社会レベルでも応用できる。今度は何の微小量を考えるかと言うと、個人の行為ではなく人々のグループである。

法が制定されたり改正されたりする場合、一般には、社会のメンバーに対して等しく影響が及ぶのではなく、一部のメンバーに対して影響が及ぶ。つまり、法の変化によって意思決定が左右される少数の人々と、そうでない多数の人々がいるのである。

たとえば、著作権の保護期間が延長されるという例を考えると、創作するか否かに関する意思決定が法の変化によって左右される人たち――「自分の著作権が何年か延びれば損得がひっくり返る」というボーダーライン付近にいる人たち――は、社会全体でみれば少数であろう。同様に、制限速度の引上げ、タバコ税の増税、汚染物質の排出規制といった例でも、それによって意思決定を変えるのはもともとボーダーラインあたりにいた人たちである。

この認識がいかなる意味をもつのか。それを説明するために、失業保険給付が人々の行動に与える影響についての研究を紹介しよう。アメリカでの実証研究が繰り返し示すところによれば、失業保険給付の額が増えるほど、失業期間は長くなる。当たり前だと思われるかもしれない。というのも、給付が手厚ければ真面目に職を探そうとしなくなる、という因果関係は容易に思いつくからである。だとすれば、失業保険給付は望ましくないとの結論に至るだろう。

しかし、若き経済学者ラージ・チェティ（Raj Chetty）は、精緻な実証研究に基づいて別の見方を提示している（Chetty 2008）。給付が増える場合、最も影響を受けやすいのはどのような人たちだろうか。それは、資産がまったくあるいはほとんどない人たちである。チェティが突き止めたのは次のことであった。失業期間が長くなるのは、失業保険給付が困窮者に拙速な職探しをさせないようにする役割を果たしているからである。他方、資産があって経済的に余裕のある人たちは格別な影響を受けていない。「給付が手厚ければ真面目に職を探そうとしなくなる」というマイナスの効果は、あるとしてもわずかなのである。

現実の社会の中には多様性があり、法の効果にも濃淡がある。したがって、社会を代表する平均的な個人を想定すると、インセンティブの働き方を見誤りかねない。私たちはつい自分の立場に置き換えて判断しがちだという事情が、ときとしてその危険に拍車をかける。

限界効果の考え方は、①私たちの目を将来に向けさせることによって、また、②意思決定状況の多様性を私たちに認識させることによって、素朴な直観的判断や思い込みを多少なりとも修正してくれるのである。

引用文献

・Raj Chetty, *Moral Hazard vs. Liquidity and Optimal Unemployment Insurance*, 116 J. POL. ECON.

173 (2008)

主要参考文献

・Steven Shavell, Foundations of Economic Analysis of Law, Belknap Press of Harvard University Press (2004)〔田中亘＝飯田高訳『法と経済学』(日本経済新聞出版社、二〇一〇年)〕

・Ward Farnsworth, The Legal Analyst, University of Chicago Press (2007)

・伊藤秀史『ひたすら読むエコノミクス』(有斐閣、二〇一二年)

④ トレードオフ

あちらを立てればこちらが立たぬ

▼合理的選択の前提

自分自身が何を望んでいるかを正確に知るのは、意外と難しい。例は何でも構わない。昼に何を食べたいか、どういう本を読みたいか、どの服を着て出かけたいか、どこへ旅行したいか、将来どういった仕事がしたいか……。

意思決定理論を専門とするイツァーク・ギルボア（Itzhak Gilboa）の言を借りれば、合理的選択の礎石の一つは「できること（can）」と「望んでいること（want）」をはっきりと区別することにある（Gilboa 2010）。たとえば、手持ちのお金がいくらなのかという問題と、どういう食べ物が好きかという問題との間には論理的なつながりはない。「実現可能な選択肢」と「希望する選択肢」は別物であって、実現可能性によって好み（選好）が変わるのは「合理的」でない、ということである。

だが実際には、「できること」と「望んでいること」とがいつでもすっぱりと切り分けられるわけではない。人間の心は往々にして両者を混同する。実現可能性と選好はしばしば密接に関連しており、特に、「できること」だけが「望んでいること」になる――「できないこと」が「望んでいないこと」に置き換えられる――ということも、本人が意識しているか否かにかかわらず起こりうる。

どうして私たちは両者を混同することがあるのだろうか。

第一に、人間の認知能力には限界がある。前記の合理的選択の枠組みに従うと、選好は実現可能性とは関係なく定まっているから、「望んでいるができないこと」がどこかに、しかも大量にあるはずである。しかし、「望んでいるができないこと」をいちいち考えるのは大変であり、そのようなことに思いをめぐらさなくても日常生活に支障はない。認知的な負荷を減らすためには、実現可能な選択肢だけに注目するのも一つの手である。ただしこの場合、選択肢の範囲によって選好も変わりがちになる。

第二に、人間は自分を防御するための心理的メカニズムを備えている、という事情もある。普通、「望んでいるができないこと」があるのは厭わしい。イソップ寓話「酸っぱいブドウ」の主人公のキツネは、自分の手の届かない高い場所にあるブドウをあきらめる際、「どうせこんなブドウは酸っぱいだろう」という捨て台詞を吐いた。これは、ジークムント・フロイト（Sigmund Freud：1856-1939）が「防衛機制（defense mechanisms）」と呼び、レオン・フェスティンガー（Leon Festinger：1919-1989）が「認知的不協和（cognitive dissonance）」と呼んだ現象の例になっている。自分の不快感を解消するために、選好のほうを変えてしまうのである。だいたいの人々にとって、合理的選択の前提となっている思考方法は必ずしも自然なものではない。普段とは異なる想像力を働かせ、自分を守るための事後的な「合理化」は避ける。

これらだけでも大層な仕事だが、「望んでいること」を知るための道の途中には、さらに手強い関門がある。**トレードオフ**（trade-off）の問題がそれである。

▼どれかに決める＝他を断つ

トレードオフの関係とは、「両立しない関係」のことを指す。通常、ある利益を得ようとすれば、別の利益を犠牲にしなければならない。たとえば、引っ越しのアルバイトでお金を稼ごうとすると、同じ時間帯に勉強することは放棄せざるをえなくなる。トレードオフの関係においては、一方の目標値を上げると別の目標値は下がる。

このトレードオフの概念は、法律家にとっては決して馴染みのない概念ではない。そう意識しているにせよいないにせよ、法律家は長らくトレードオフの問題と闘ってきている。もしかすると、他の分野に従事している人たちよりもずっと多様な種類のトレードオフの問題に悩まされてきたのかもしれない。裁判官は、原告と被告のどちらを勝たせるかというトレードオフに直面する。弁護士は、相手方に対してなしうる主張のうちのいずれを展開するかというトレードオフに直面する。法理論にもトレードオフは登場する。いわゆる「利益衡量」の考え方は、対立する諸利益を比較したうえでより大きい利益をもたらす選択肢を支持するアプローチであり、実質的にはトレードオフの話と同じである。不可侵の価値や通約不可能な価値を認めない限りは、事あるごとにトレードオフの関係とつきあうことになろう。

そのように考えると、法制度の多くはトレードオフに対処するための試みと位置づけられる。特許法を例にして簡単に説明しておこう。特許法は、発明者の権利を保護することを通じ、発明へのインセンティブを人々に与える制度だ、と一般に言われる。すなわち、ただ乗りを禁じて発明による利益を発明者に帰属させるしくみである。発明に向けた活動が行われれば、発明者その人にとっても利益になるばかりでなく、産業の発展にも寄与するだろう。

他方、特許権は一種の独占権であるから、それにより失われる利益もある。発明された物やアイディアを自由に利用できるという利益がまず失われるし、独占が起きている場合には価格がつり上げられるおそれもある。価格が上昇すると、競争的な市場では実現したはずの取引が実現しなくなり、その点で無駄が生じうる。

特許法は、こうしたデメリットを承知のうえで発明者の権利を保護している。ただし、一方の利益のみを優先させるのではなく、存続期間を制限する、発明内容の公開を要求するなど、細かく利害を調整する規定がたくさんある。単純な二者択一として考えるのではなく、利害を細分化して対処しているわけだが、それゆえにトレードオフの問題は入れ子状に存在することになる。

物事には良い面も悪い面もあるということにはくれぐれも注意すべきである――が、実際のところ私たちは、物事の良い面と悪い面を自分にとって都合良く見つけるのはむしろ得意である。

▼割れ窓のたとえ話

一九世紀フランスの政治経済学者であったフレデリック・バスティア（Frédéric Bastiat：1801–1850）は、「見えるものと見えないもの」と題する論文の中で、次のようなたとえ話をしている。

ある店の窓ガラスを、店主の息子が不注意にも割ってしまったとしよう。店主が怒っている場面に居合わせた人が、この店主に対して次のように言って慰めようとしているとする。「もしガラスが絶対に割られなかったら、ガラス屋はどうなってしまうんだい。生きていけなくなってしまうだろう」。窓ガラスを割ってしまうのも誰かのためにはなるのだ、という趣旨である。

悪気のないこの慰めに対して、バスティアはこう叫ぶ。「ちょっと待った！　あなたの理論は、見えるものに限られている。見えないものをまったく考慮していないではないか」（Bastiat 1850）。ガラスを修理するのに一万円かかるとしよう。店主はガラス屋に一万円を支払う。この取引は「見えるもの」である。だが、もしガラスが割られていなければ、店主はその一万円を他の使い道、たとえば靴の買い替えに充てていたであろう。靴屋との取引は手放された取引であり、こちらは「見えないもの」である。

窓が割れることから利益が生ずるように一瞬思えるとしても、「見えないもの」も含めて勘案すれば、何ら利益にならないことがわかる。バスティアが割れ窓のたとえ話で言いたかったのは、政治や経済を真に理解するためには、私たちの直近にない見えない要素も考慮に入れるべきだ、ということであった。

このたとえ話は**機会費用**（opportunity cost）の概念の先駆けだとされる。機会費用とは、放棄された行動によって得られたはずの最大利益のことである（ちなみに、経済学で言う「費用」はこの機会費用を指しており、会計上の費用とは意味が異なっている）。

各選択肢を評価するにあたっては、表に現れる明示的な費用だけでなく、機会費用がどのくらいであるかを計算に入れる必要がある。つまり、問題となっている状況に付随する「見えないもの」を評価しなければならない。③で触れたサンクコスト（埋没費用）が「無視すべきなのに考慮されがちな費用」であったのに対し、機会費用は「考慮されるべきなのに無視されがちな費用」である。「見えないもの」を見つけてはじめて、私たちはトレードオフの問題に取り組むことができる。「見えないもの」はあらゆる選択肢に随伴しているため、自分の望んでいる選択肢が本当は何であるのか、すぐにはわからないケースがある。

しかも、見えないものであるがゆえに、何を機会費用の算定に含めるかに関する判断には、恣意性が忍び込みがちである。私たちは、「見えないもの」を自分の探したいところでしか探さないかもしれない。機会費用に精神的・主観的要素も含める場合はなおさらである。トレードオフの大切さを強調する人も、この点には気をつけるべきであろう。

▼社会の「望んでいること」

法制度におけるトレードオフに言及しているうちに、いつの間にか「望んでいる」主体が個人ではなくなってしまった。ここで、いったい誰が望んでいるのかについて考えておきたい。

前々項で出てきた法制度におけるトレードオフの場合、望んでいる主体は単なる個人ではなく立法者、あるいはより漠とした「社会」である。

社会なるものが観念的存在にすぎないと考える立場をとるならば、社会が何かを望んでいるという言い方はせいぜい比喩である。社会が何かを望んでいるという表現が許されるとしても、社会が望んでいること（社会の選好）は個人が望んでいること（個人の選好）を基礎にして導き出されるはずである。

伝統的な経済学では、個人の選好は次のような性質をもつものとされる。

まず、つねに選択ができるためには、任意の二選択肢が比較可能でなければならない。どの選択肢のペアをとってきてもどちらがよいかを判断できる、という性質は「完備性（completeness）」と呼ばれる。

また、AよりもB、BよりもCがよい場合に、CよりもAがよいとするのは一貫した判断ではない。このような不整合がどの三選択肢に関しても生じない、という性質は「推移性（transitivity）」と呼ばれる。

選好が完備性と推移性の双方を満たしているとき、各選択肢を自分の望んでいる順序で一直線に並べられる（複数の選択肢が同順位になってもよい）。順序が構成できればとりあえずは十分であり、各選択肢に数値を割り振る必要まではない。個人の選好が完備性と推移性を満たすべきだというのは、さほど無理な要求ではないだろう。

では、個人の選好から社会の選好を導き出すにはどうすればよいか。完備性と推移性を満たした選好を社会について導出するのは可能なのだろうか。**社会的選択理論**（social choice theory）と称される分野は、この難題をめぐり何十年にもわたって考察と議論を重ねてきた。

社会的選択理論の知見によれば、社会の選好を整合的に導き出そうとすると困った事態が生じてしまう。たとえば、成り立って当然と思われるいくつかの仮定を置くだけで、独裁者の存在を認めざるをえなくなったり、選好を偽って表明するほうが得になる状況を生んだりする（***Column(1)*** 参照）。つまり、社会的決定方式が備えるべき性質のどれかを諦めなければならないことを意味している。トレードオフの問題はこんな場所にも現れる。

いずれにしても、社会が望んでいること（≠望ましいこと）を見出すのは容易ではない。個人の選好を基礎とする場合に、望ましさをどのように把捉するか。この論点は、次のテーマである「効率性」の話へとつながっていく。

Column(1) 社会的選択

社会的選択理論は、個人の選好や意見をどのようにして（個人の集まりとしての）「社会」の選好・意見として集約するか、どういう集計方法にすれば望ましいのか、といった問題を扱う。このような問題は一七世紀から関心をもたれていたが、一個の学問分野として花開いたのはケネス・アロー（Kenneth Arrow）が「不可能性定理」を証明してからであった（Arrow 1951）。

アローの不可能性定理とは、三つ以上の選択肢、二人以上の投票者がいる場合に、次の（A）～（C）を満たす決定ルールは論理必然的に「独裁制」になってしまう、というものである。つまり、（A）個人の選好の非限定性（個人がどのような選好をもっていても、一貫した社会的決定ができる）、（B）全員一致の原則（あることについて全員の意見が一致していれば、それは社会的決定に反映される）、（C）無関係選択肢からの独立性（任意の二選択肢の優劣に関する社会的決定が、無関係な選択肢に左右されない）、である。決定ルールがこれらの条件を満たすのであれば、自分の意見がつねに社会的決定に反映される「独裁者」が存在することになる。

（A）～（C）の条件のいずれかを放棄し、独裁者のいない民主的な決定ルールを設定しようとすると、今度は正直が最善の策とはならない可能性が出てくる（ギバード＝サタースウェイトの定理）。このことは、「独裁制」の排除と、自分の選好を偽って得をする「戦略的操作」の排除がトレードオフの関係にあることを意味している。

社会的選択理論のわかりやすい解説としては、川越（二〇一二）や坂井（二〇一五）を参照。

引用文献

・Itzhak Gilboa, Rational Choice, MIT Press（2010）［松井彰彦訳『合理的選択』（みすず書房、二〇一三年）］

・Frédéric Bastiat, *Ce qu'on voit et ce qu'on ne voit pas*（1850）

・Kenneth J. Arrow, Social Choice and Individual Values, John Wiley & Sons（1951）〔長名寛明訳『社会的選択と個人的評価』（勁草書房、二〇一三年）〕
・川越敏司『はじめてのゲーム理論』（講談社、二〇一二年）
・坂井豊貴『多数決を疑う――社会的選択理論とは何か』（岩波書店、二〇一五年）

主要参考文献

・佐伯胖『「きめ方」の論理――社会的決定理論への招待』（東京大学出版会、一九八〇年）
・Harold Winter, Trade-Offs: An Introduction to Economic Reasoning and Social Issues, University of Chicago Press（2005）〔山形浩生訳『人でなしの経済理論――トレードオフの経済学』（バジリコ、二〇〇九年）〕
・奥野正寛編著『ミクロ経済学』（東京大学出版会、二〇〇八年）

5 効率性
やりとりの先にあるもの

▼交換する生物

全世界で今までに発見された生物種は約一七五万種だそうだが（平成二五年度版『環境白書』による数字）、これは地球上の生物のたかだか一〜二割程度にすぎないという。私たちが新種を探している間にも、消えていく種もあれば新しく出現する種もある。

気が遠くなるような膨大な生物種の中で、人間を他の種から際立たせている特質は何なのだろうか。この問いは古くから好んで論じられている。答えの候補としてよく挙げられてきたのは、言語の使用、思考の発達、広範な協力行動、非生産的活動（遊び）、文化の伝達といった事柄である。人間が備える特質は他にもいろいろあろうが、基盤となる特質が何であれ、「他の個体との関係の作り方」は独特だと言えよう。アダム・スミスは『国富論』の中でこう述べている（Smith 1776）。

「動物は交換にかぎらず、どんな種類の約束や合意も知らないようだ。……二匹の犬がじっくりと考えたうえ、骨を公平に交換しあうのを見た人はいない。また、動物が仕種や鳴き声を使って、これは自分のもので、それはお前のものだ、これとそれを交換しようと仲間にもちかけるのを見た人もいない。」（訳は日本経済新聞出版社版・上巻一六頁による）

近年の研究でも、他の動物は自発的な交換を行わないことが確認されている。チンパンジーには、「自分の好きな食べ物と引き換えに、さらに好きな食べ物をもらう」という芸当ができない。たとえば、ブドウを最も好むチンパンジーがいるとしよう。大好きなブドウをもらうために、チンパンジーは自分の好まないニンジンを差し出すことはあるが、まあまあ好んでいるリンゴを差し出すことは滅多にしない（Brosnan *et al.* 2008）。要するに、自分の利益を手放してより大きな利益を手に入れる、という考えには至らないらしい。

スミスは、人間にはものを交換しあう性向がもともと備わっており、それが人間の特徴であると考えた。ドイツの社会学者ゲオルク・ジンメル（Georg Simmel：1858-1918）も、交換は「人間の社会化の最も純粋で最も原始的な形式のひとつ」であり、まさに交換によって人の集まりが「社会」になる、と述べている（Simmel 1900）。人間は、血縁者でも配偶者でもない相手とも交換を行い、分業や協働のシステムを広く展開させてきた。言ってみれば交換は個人同士の接着剤であって、人間社会の原動力なのである。

▼パレート効率性

交換を行うためには、目に見えないものを思い描ける能力が最低限必要となる。まず、相手が何を望んでいるかを推測できなければならない。そのうえで、交換後に自分と相手が置かれるであろう状態を予測し、現在の状態と比較できなければならない。したがって、「相手の心を推し量る能力」と「将来の状態を想像する能力」は交換のために必須である。

これらのイマジネーション能力に基づく交換は「パレート改善（Pareto improvement）」をもたらし、人々が実現できる状態の範囲を飛躍的に拡張させてくれる。パレート改善とは、「誰も損せず、誰かが得する」ことである。正確に言えば、どの当事者の状態も悪化させることなく、少なくとも一人の状態が良くなること、となる。交換という行動を通じて社会は分業と専門化の程度を強めていったが、別の言い方をすると、人間社会はこのようなパレート改善の繰り返しによって発達してきたわけである。

パレート改善はすべてのメンバーが望む移行（または、誰も反対しない移行）だから、個人の選好を基礎にして社会状態の良し悪しを判断しようとするならば、パレート改善後の状態は改善前の状態よりも文句なしに望ましいはずである。誰かの満足度を犠牲にしない限り、できるだけ人々の満足度を高くする状態のほうが望ましい――これは**パレート効率性**（Pareto efficiency）の基準と呼ばれている。

パレート効率性の基準で最も望ましいとされる状態は、所与の資源や技術のもとで「もはやパレート改善の余地がない」という状態である。これを**パレート最適**（**Pareto optimal**）あるいは「パレート効率的」な状態と呼ぶ。仮にパレート改善の余地がまだ残されているとすれば、資源は有効に活用し尽くされていない。パレート最適とは、そのような無駄がない状態を指す。

この名称は、イタリアの経済学者かつ社会学者であったヴィルフレド・パレート（Vilfredo Pareto；1848-1923）にちなむ。パレートは、諸個人の幸福は相互に比較できるものではないと考え、諸個人からなる集団における最適配分の条件を前記のように定式化したのである。

なお、「自然現象や社会現象の大部分は、全体を構成するうちの少数の要素によって決まっている」といういわゆる「パレートの法則」（たとえば、イタリアの土地の約八割は全人口の約二割によって所有されている、コンピュータのエラーの約八割は全体の約二割のバグに起因する、といった例で知られる）も、彼の研究に端を発している。

効率性概念に対して疑念を抱いている人でも、パレート効率性はどだい納得しかねるという基準ではないだろう。ただ、ある政策が望ましいか否かを判定する際にパレート効率性の基準のみに頼ろうとすると、多くの場合に不都合が生じる。一般に、パレート最適の状態は複数存在しており、それらのうちどれを選択すべきかについては何も言えないのである。

この決定不可能性が「不都合」だと思われるのは、同じパレート最適状態であっても、無視できない差異があるように感じられるからだろう。この範疇に属する批判としては、主に次の二つのタイプがある。第一に、「『得する』か『損する』かだけを気にして、どれくらい得するかをまるで気にしないのはおかしいのでは？」という批判である。第二に、「一部の人のみが得をする不均等な分配状態よりも、利益が広く分散する公平な分配状態のほうがよいのでは？」という批判もあろう。どちらももっともな批判である。

カルドア＝ヒックス効率性

前者の難点を緩和するために用いられるのは**カルドア＝ヒックス効率性**（Kaldor-Hicks efficiency）の基準である（別名「補償原理」）。イギリスの経済学者であったニコラス・カルドア（Nicholas Kaldor：1908-1986）およびジョン・ヒックス（John Hicks：1904-1989）の名を冠しているが、ハンガリーの経済学者ティボール・シトフスキー（Tibor Scitovsky：1910-2002）もまた、この概念の理論的深化に貢献している。

カルドア＝ヒックス効率性の概念は、パレート効率性からもう一段階イマジネーションを働かせる内容となっている。すなわち、「ある状態から別の状態への移行によって利益を得る人が、移行によって損失を受ける人に補償する」という架空の補償を考えるのである。補償してもなお利益が余る場合は、その移行は望ましいと判断される。

ポイントは、補償が現実になされる必要はない、ということである。パレート基準では「損失を埋め合わせる補償が実際になされたときにのみ望ましい」と判断されるのに対し、カルドア＝ヒックス基準では「実際の補償があろうとなかろうと望ましい」と判断される。したがって、移行の適否についての判断が可能になることが多くなる反面、きわめて不均等な分配が是認される場合もありうる。補償をフィクションに留めておくことは、カルドア＝ヒックス効率性の強みでも弱みでもある。

カルドア＝ヒックス効率性は、諸個人が得る金銭や満足度などの総計を最大化するアプローチとしばしば同一視される。しかし両者は厳密には違う。パレート効率性と同様、カルドア＝ヒックス効率性も、個人間の幸福を比較することはできないという前提に立脚して作られた概念である。ただし、個人間で移転可能な「共通通貨」が存在し、「共通通貨」の量と諸個人の幸福ないし満足度が相関しているといったさらなる仮定を置く場合は、その「共通通貨」の総計を最大化する状態がカルドア＝ヒックス効率性の観点からも望ましいとされるであろう。こうした仮定は人々の満足の大きさを一次元の指標に集約させることにほかならず、結局「できるだけパイ全体を大きくする」という使いやすい明快な指針に落ち着く。

武器としての効率性概念?

諸個人の幸福が社会全体の幸福にどのようにつながると想定されているか。言い換えれば、社会にとっての選好がどのように組み立てられるべきと考えられているか。前記二つの主要な効率性基準は、その部分で異なっている。パレート効率性においては、社会の幸福が増すのは全個人の幸福が増すときのみである。カルドア＝ヒックス効率性においては、幸福の増加分が減少分を相殺できるほど十分に大きければ、社会の幸福も増す。

どちらの効率性基準を用いるにしても、「社会」、つまり考慮対象となる人々の範囲をどう画定するかは一個の問題である。法制度や政策の効率性を考える場合、通常はそれらの影響を受ける人々がカウントに含められる。だが、この範囲の設定には恣意性が伴いがちだという点には留意しておくべきである。

一九〇一年、パレートは最初の妻ディーナに逃げられてしまう。彼も離婚を望んでいたようだが、当時のイタリア法のもとでは法的に離婚できなかった。離婚できたのはようやく一九二三年、パレートの死のわずか数か月前のことであった。どうやって離婚できたのかと言うと、フィウメ(現・クロアチアのリエカ。一九一八年まではオーストリア＝ハンガリー帝国内にあり、離婚に関する法律があった)がイタリア軍に一時占領されたとき、そこの法律を利用して離婚の手続をとったのである。かくして、パレートは次の妻ジャンヌと晴れて再婚できるようになった。

離婚が簡単に認められていれば、パレートとディーナ、そしてジャンヌの幸福度はおそらく増していただろうから、離婚の禁止は非効率的だと判断されよう。しかし、次のように論じることも可能である。離婚の解禁によって影響を受けるのはこの三人だけではない。離婚が認められていなかったのは宗教上の理由からであり、公式に離婚を認めるとなると同じ宗教の人たちにも影響が及ぶおそれがある。また、子どもがいれば子どもにも影響が及ぶ。果ては、将来生まれるであろう子どもが影響を受けることも考えられる。説得性に欠けるように思えるかもしれないが、夫婦別姓をめぐる現在の議論はこれに類似している。

考慮対象となる人々の範囲をどのように設定するかに応じて、複数の異なる結論が効率性の観点から正当化できる。効率性の考え方は、人々を足枷から解放する利器にもなるし、人々を抑圧する凶器にもなる。ただし、この性質は何も効率性固有のものではない。効率性以外の社会状態の評価基準、たとえば公平性や正義性といった概念も、効率性に負けないくらいの諸刃の剣である。これは、使い勝手のよい鋭利な武器の常なのかもしれない。

法制度は、さまざまな望ましさの基準を持ち出すさまざまな人々の利益によって突き動かされてきた、と言える。効率性はその一つにすぎないが、交換が人間社会の原動力になっているのと並んで、効率性が法制度の推進力となっている、という点は見過ごすことができないだろう。

引用文献

・Adam Smith, An Inquiry into the Nature and Causes of the Wealth of Nations (1776) 〔山岡洋一訳『国富論(上)(下)』〔日本経済新聞出版社、二〇〇七年〕〕

・Sarah F. Brosnan *et al.*, *Chimpanzee Autarky*, PLoS One 3(1): e1518, doi: 10.1371/journal.pone.0001518 (2008)

・Georg Simmel, Philosophie des Geldes, Drunker & Humblot (1900) 〔居安正訳『貨幣の哲学』〔白水社、一九九九年〕〕

主要参考文献

・太田勝造「権利と法の経済分析」棚瀬孝雄編『現代法社会学入門』（法律文化社、一九九四年）二六六頁
・Matt Ridley, The Rational Optimist, HarperCollins（2010）〔大田直子ほか訳『繁栄（上）（下）』（早川書房、二〇一〇年）〕
・宇佐美誠編著『法学と経済学のあいだ』（勁草書房、二〇一〇年）

【Concluding Remarks of Chapter 1】

法には少なくとも二つの顔がある。一つは、実際に生じた紛争を解決する基準を定める「裁判規範」としての顔である。もう一つは、人々に対してあらかじめ一定の行為を指示する「行為規範」としての顔である。一般に、時代が下るにつれて行為規範の比重が大きくなってきていると言われるが、双方とも法の重要な側面であり続けている。

両者の違いは、「事前（ex ante）の視点」と「事後（ex post）の視点」の対比とラフに対応する。つまり、ある出来事（紛争）が起きる前にどのようなルールを設ければ人々の行為をより望ましい方向へと導けるかを考えるのが「事前の視点」、ある出来事（紛争）が起きた後でそれをどのように処理すべきかを考えるのが「事後の視点」、ということである。裁判規範としての性質は「事後の視点」を強調した場合に前面に出てくる法の姿であり、逆に「事前の視点」を強調すると行為規範としての性質がクローズアップされる。

「事前の視点」によって法制度を適切に設計するためには、個人が法に対してどのように反応するか、そして、個人の意思決定の集積を通じて社会がどのような状態になるのかを予測できなければならない。

しかし、こうした予測は不完全なものに終わることが多い。人間は刺激に対して機械的に反応するだけの存在ではなく、突発的な事情も影響力をもち、しかも社会の構造も動きも非常に複雑なので、計算による予測は難しい。

とはいえ、まったくお手上げだというわけではない。たとえば一世紀前と比べると、社会を分析するためのツールは確実に鋭利さを増しており、私たちはより詳細に社会のメカニズムを検討できる立場にある。一歩ずつではあるかもしれないが、社会現象を予測する能力も長期的に見れば向上しているように思われる。

経済学はそのような能力の向上に寄与してきた、と言ってよい。なかでも限界革命以降のミクロ経済学は、「合理的」人間像を考察の出発点としつつ、抽象的な人間行動および相互作用のモデルを作って世の中のしくみを解明しようとしてきた。抽象的なモデルの利点の一つは、演繹的な体系を構築できるという点にある。その利点を最大限に活かし、法学と同様、経済学は高度に体系化された学問領域へと発展している（社会科学諸分野の中で、標準的な教科書を作れる分野というのは少数派である）。

経済学的な考え方を法現象の分析に採り入れる「法と経済学」は、「事後の視点」よりも「事前の視点」を重視する。すなわち、法が人々の行動と社会状態に与える影響について分析したり、効率性に基づいた規範的評価を行ったりする分野である。行為規範の比重が増していることも手伝ってか、「事前の視点」を基軸とした分析が受け入れられる下地は次第にできてきたように思える（法分野にもよるが）。

本章で扱った概念はすべて法と経済学の考え方と関連している。人々は法が付与するインセンティブにどのように反応し、法はどのような社会状態をもたらすのだろうか。また、法がもたらす社会状態はいかなる基準で評価されるのだろうか。法と経済学は、これらの問いに答えるにあたって考慮すべき要素を明らかにし、場合によってはより望ましい法的ルールを提案することもある。

しばしば、伝統的な経済学（そして法と経済学）が想定している「合理的」人間は非現実的であり、人間に備わる重要な性質までも捨象してしまっている、と批判されることがある。たしかに、通常の経済学が前提としている人間像は非現実的なのかもしれない。この点は第四章・第五章で改めて考えるとして、ここでは次の点だけ述べておきたい。

「合理的」人間像に立脚したモデルは一次近似としては決して的外れなものではなく、それどころか、現実の人間が備えている性質を逆に際立たせてくれることもある。言い換えると、単純化された人間像は、現実の人間の意思決定を詳しく検討するためのベースラインを提供してくれるのである。

法と経済学の分析に対する意見はいろいろあろうが、経済学的な考え方がどういうものであるかを知ることは、普段の生活の意思決定を見直すうえでも有益である。自分の行動がもたらす結果を意識する、過去に投じたサンクコストに惑わされないようにする、見えるコストのみならず隠れたコストにも気をつけるといったことだけでも、日々の意思決定の改善に資するだろう。

私自身は、経済学的な考え方――特に「インセンティブ」と「効率性」の概念――は他の人の行動を理解するという点でも役に立つと思っている。

まず「インセンティブ」の概念は、他者の行動にはそれぞれ背景があり、行動は必ずしもその人の性格を表したものではない、ということを示してくれる。制度や環境が違えば、同じ人間であっても違った行動をとる。悪質に見える他者の行動も、背景に何らかのインセンティブがあってのことかもしれないと考えれば、脊髄反射で憤激するという余計なエネルギーを使わなくてすむ（かもしれない）。

そして「効率性」の概念は、他者の立場になって考えることを要請する。このことが大きな意味をもつのは交渉の場面であろう。どちらにとっても得になる（つまりパレート改善できる）提案をすることができれば、交渉は妥結しやすくなる。相手の視点から問題状況を眺め、相手の選択肢と選好を理解することは、交渉をまとめて効率的な状態を導くための必要条件である。

制度や環境のあり方によって同じ人でも行動が異なりうることを認識したり、他者の立場になって物事を考察したりする。このことが法を学ぶ人にとっても重要であるのは言うまでもない。

しかし、他者をいくら理解できたところで、他者は自分の思う通りに動くとは限らない。他者が存在するがゆえに、一筋縄ではいかないことも出てくる。次章では、意思決定を行う個人が複数いるときにどのような問題が起きるかを見ていくことにしたい。

【*Questions*】

□　今までのあなたの経験でインセンティブ（外発的な動機づけ）と内発的な動機づけが衝突した例を挙げ、どうなっていれば動機がより高まっていたかについて考えてください。

〔参考〕Uri Gneezy, Stephan Meier & Pedro Rey-Biel, *When and Why Incentives (Don't) Work to Modify Behavior*, 25 J. Econ. Perspect. 191 (2011)

□ 立法目的とは異なる影響（副作用や逆効果）をもたらしている法律の例を挙げたうえで、その原因がどこにあるのかを考察してみてください。

□ 契約を通じてパレート改善が本当に実現することを保障するために、法制度はどのような手段を用意しているでしょうか。

Chapter

2

第二章

複数の個人の意思決定

【Introduction】

社会を構成するのは複数の個人である。そのような場合、個人の意思決定が他の個人の意思決定に影響を及ぼすことがある。つまり、複数の個人の意思決定が「相互依存」の関係になる、ということである。

意思決定が相互依存の関係にあるときは、自分の意思決定がもたらす結果は格段に見えにくくなる。また、他者の出方をきちんと考慮に入れなければ、適切な意思決定ができないということもある。したがって、個人にとって最も良い行動を知るためには、各人の意思決定の間で生じうる相互作用のメカニズムを詳しく検討する必要がある。

このような状況を分析するための強力な道具になるのが、「ゲーム理論」の分析枠組みである。本章では、均衡の考え方を説明した後（⑥）、社会現象の描写でよく用いられる主要なゲームを紹介する。あわせて、それらが法に関する現象を理解するうえでどのように役立つのか、そしていかなる含意が導かれるのかということについて述べていく（⑦～⑩）。

法律が対象とするのも、ゲーム理論が扱うような相互依存状況であることが多い。法は、紛争やもめごとを解決したり、人々の行動を調整して秩序を維持したりする役割を担うが、いずれも複数の意思決定が関係する場面であり、かつ、意思決定が他者の出方に依存する場面である。

ゲーム理論の考え方は、法律が関わる場面における人々の相互作用を直観的に把握する助けになるとともに、既知の法的ルールの機能を捉え直す契機を与えてくれる。

⑥ 均衡

読み合いの止まるところ

▼意思決定の相互依存関係

社会にたった一人の人間しかいなければ、法律の出る幕はおそらくなさそうである。法律が扱う場面の大半は、複数の人たちの意思決定や行動が関わってくる。契約を結ぶ、会社や組織を作って運営する、結婚または離婚する、税を納める、他人に損害を与えないように注意して運転する。こういった例にはすべて、潜在的にであるにせよ、複数の人々の意思決定が絡んでいる。

複数の主体の意思決定が組み合わさって結果が生じる場面では、意思決定が相互依存の関係になることが多い。つまり、自分にとって最良の意思決定は他者の意思決定に左右され、また、他者にとって最良の意思決定も自分の意思決定に左右される。このような状況を**戦略的相互作用**（strategic interaction）が起きている状況と言う。

ある丁字路に、西方向から来た車と東方向から来た車が同時に差しかかろうとしているとする。

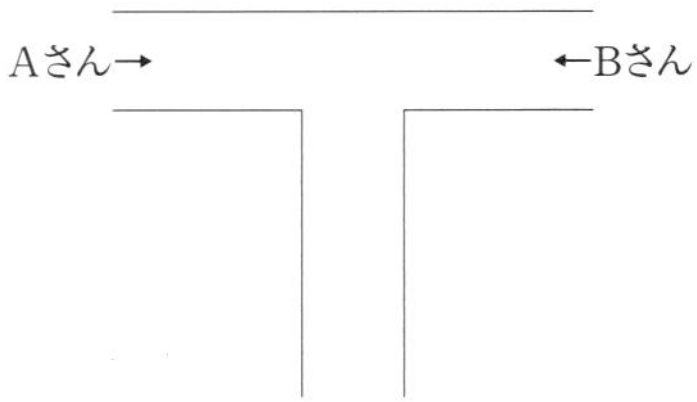

前者は南方向へ右折しようと思っており、後者も南方向へ左折しようと思っているが、南方向の道路は一車線しかない。優先順位を定めるルールが存在しない場合は、相手の出方に応じて自分の行動を変えなければならない。日本では基本的に左折優先とされているが（道路交通法三七条参照。ただし、この例で適用されるルールは必ずしも明確ではない）、しばらくはそういうルールがまったくない世界を考えてみよう。

　西方向から来た車の運転者（Ａさん）は「接触事故は避けたい」と思っているが、どちらかの車が先を譲らないと二台の車は接触してしまう、と仮定する。そのとき、もし東方向から来た運転者（Ｂさん）が急いで左折してくるとすれば、Ａさんはいったん停止してＢさんに道を譲るほうがよい。他方、Ｂさんが先を譲ってくれれば、Ａさんはそのまま待たずに右折するのがよい。Ａさんがどちらの行動をとるべきかは、相手であるＢさんの行動に関する予想ないし期待に依存する。

　同様に、Ｂさんの行動もＡさんの行動に関する予想・期待に依存する。仮にＢさんが「Ａさんは自分が先に行こうと思うはずだ」と考えているなら、Ｂさんがとるべき選択肢はおのずと決まってくるだろう。それゆえ、Ａさんがどういう行動をとるべきかは、Ａさんの行動に関するＢさんの予想・期待に結局は依存することになる。

　言い換えると、ＡさんがＸという行動をとるのは、「Ｂさんが『Ａさんが行動Ｘをとる』と考えている」と考えているからだ、ということである。これはBさんについても当てはまるので、自分にとって最良の選択をするためには相手の思考過程をお互いに読み合わなければならない。この読み合いはどこかで止まるかもしれないし、無限に続いていくかもしれない。

読み合いを伴う状況は社会生活の中でたびたび出てくるが、こうした予想や期待の相互依存関係は不確実性が大きく、本来は不安定なものとなりがちである。そうだとすると、人々はこの予想や期待の後退をどのように解決し、安定的な秩序を保ちえているのだろうか。この問題は社会学では「二重の条件依存性（double contingency）」として知られている。自己と他者の行為がおのおの相手の行為に条件づけられ、双方向的な条件依存関係になっているのである。秩序を安定させるためには、何とかしてこの問題に対処する必要がある。

▼均衡の考え方

前記の問題は、戦略的相互作用状況での意思決定が単独の個人の意思決定とは質的に異なっていることを含意している。つまり、メニューの中から食事を選んだり最も安い交通手段を探したりするのとは違い、自分にとって最良の選択を一意に導くことができないかもしれない。

だがそうであっても、もしすべての人たちが一斉に「自分にとって最良」の選択肢をとっていれば、その状態は安定的になるだろう。人々の意思決定や行動が安定的になっている状態を**均衡**（**equilibrium**）と言う。ゲーム理論の分野では今までにさまざまな均衡概念が提案され、何が均衡を構成するのかという問いも詳細に検討されてきた。

それらの中でも代表的な均衡概念は**ナッシュ均衡**（**Nash equilibrium**）である。数学者ジョン・ナッシュ（John Nash：1928–2015）が博士論文（Nash 1951）で提示したこの均衡概念はきわめて汎用性が高く、ゲーム理論が社会科学の主要ツールになるきっかけを作った。

ナッシュ均衡とは、「お互いに相手の予測どおりの選択をしており、かつ、各人がその予測を所与として自分にとって最も良い選択をしている」状態を指す。他の人の行動が変わらないという条件のもとで最良の行動になっているから、単独で行動を変更する人は損をするだけである。したがって、「自分だけ一方的にそこから逸脱するインセンティブをもたない」ということが全員について成り立っている状態、とも表現できる。ひとたびナッシュ均衡の状態に至れば、選択肢の範囲の変化や利得の増減などの外生的な撹乱が生じない限り、状況は動かない。

前述のT字路の例では、「Aさんがいったん停止、Bさんが先に左折」、「Aさんが先に右折、Bさんがいったん停止」の各組み合わせがナッシュ均衡となる（両者の選択肢が二つずつと仮定）。それに対し、「両方がいったん停止」、「AさんとBさんがいっぺんに進入」の状態は均衡とはならず、当事者は別の行動へと変更したがるだろう。この例ではナッシュ均衡になりうる状態が複数存在し、どちらが実際の均衡となるかは他の要素によって変わってくる。

法律をはじめとする社会的なルールは、複数あるうちのどの均衡が実現されるかに影響する。たとえば、「左折優先」や「東からの進入を優先」というような表示があり、それを両者とも認識していれば、当事者は意思決定の基礎にこの情報を組み入れることができる。Aさんがルールを知っていることをBさんは知っており、AさんもBさんがルールを知っていることを知っている。すると読み合いは無限後退に陥らずにすみ、「Aさんがいったん停止、Bさんが先に左折」という均衡に落ち着くだろう。

▼信頼の原則

このように、ルールは当事者間に「共有知識（common knowledge）」（Lewis 1969）を形成する役割を果たし、戦略的相互依存状況における推論の連鎖に歯止めをかけ、特定の均衡に落ち着かせることになる。

均衡選択に影響を及ぼしうるルールは、優先順位に関するルールだけではない。当事者を取り巻く不確実性や不安定性を諸ルールがどのように縮減させるかをもう少し詳しく見るために、明確な左折優先ルールがあったにもかかわらずAさんとBさんが同時に進入し、接触事故を起こしてしまった、と仮定しよう。

このとき、左折優先ルールを無視していたAさんに過失が認定されることにはあまり異論はないだろう。では、Bさんには過失はあるのだろうか？　判例は次の「信頼の原則」を用いてBさんの注意義務の範囲を制限している。すなわち、「被害者あるいは第三者が適切な行動をすることを信頼するのが相当な場合」には、行為者は過失責任を問われない（代表的な刑事上の判例として最高裁昭和四二年一〇月一三日判決・最高裁判所刑事判例集二一巻八号一〇九七頁、民事上の判例として最高裁昭和四三年九月二四日判決・判例時報五三九号四〇頁)。Aさんが左折優先ルールに従うことについて「信頼するのが相当」であれば、Bさんは注意義務を免除されうる。

戦略的相互作用の観点からすると、信頼の原則には二つの長所がある。第一に、過重な読み合いが不要になる。信頼の原則があることにより、行為者は左折優先ルールが共有知識になっているという前提で行動すればよくなる。もし信頼の原則がなければ、左折優先ルールが共有知識となっていない場合についてまで予測を立てることを強いられる。

第二に、行為者(Bさん)が選択すると考えられる行動の幅が狭まるので、相手方(Aさん)がとるべき行動の幅も狭まる可能性がある。Bさんがルールどおりそのまま左折してくるとわかっていれば、その反射的効果として、Aさんはいったん停止するしかなくなる。さらに副次的効果として、どの人もルールに細心の注意を払うよう動機づけられるかもしれない。

信頼の原則が大きな効果を発揮するのは、ルールが共有知識になりうる場合である。逆に、ルールが曖昧な場合や、当事者が「相手の考えていることを考える」という高階の推論を行うことが期待できない場合(小さな子供が当事者である場合など)には、前記のメリットはほとんど消えてしまうだろう。

戦略的相互作用から生ずる不確実性や不安定性は、相手の考えを読めるだけの知恵を人間が有しているからこそ生ずる現象である。知恵がもたらす不都合を、別の知恵をもって制する——ルールの設定はその一つの方法だと言える。

▼パット・ベンディット・ルール

ルールは、もともと均衡がない場面で均衡を作り出すこともある。

プロ野球では、右打席でも左打席でも打てるスイッチヒッターは珍しいが、右腕でも左腕でも投げられるスイッチピッチャーはもっと珍しい。日本ではこれまで一人しかいない（一九八八年に南海ホークスに在籍していた近田豊年投手。だが公式戦では左投げだった）。アメリカにおいてさえ、メジャーリーグとマイナーリーグの両方を探しても、公式戦で投げたスイッチピッチャーは数えるほどしかいない。

普通、右投手は右打者に対して相性が良く、左投手は左打者に対して相性が良い、と言われる。スイッチピッチャーであれば、相手が右打者なら右で投げ、左打者なら左で投げるという使い分けが可能なため、打者にとっては厄介である。

では、スイッチピッチャーとスイッチヒッターが対戦するとどうなるか？　二〇〇八年六月一九日、この対戦が現実のものになった。ニューヨーク・ヤンキース傘下のマイナーリーグチームに所属していたパット・ベンディット（Pat Venditte）投手が、ラルフ・エンリケス（Ralph Henriquez）というスイッチヒッターを相手に投球したのである。

試合は九回裏二アウト一塁、ベンディットが左で投げようとすると、エンリケスは右打席に入ろうとした。これを見たベンディットが右で投げようとグラブを持ち替えると（六本指の特注グラブで、左右のいずれでも使えた）、エンリケスは左打席に……という応酬が延々と続いた。

ベンディットの抗議を受けた審判は、協議の末、どちらの打席で打つかをエンリケスが先に選ぶよう指示する。エンリケスが右を選んだので、ベンディットは右で投げ、空振り三振を奪ってようやく試合を終わらせた。

これはルールの欠缺が生んだ出来事である。直後の同年七月三日、「どちらの手で投球するかを投手が先に明らかにしなければならない」旨の公式ルールが新設された。このルールは「パット・ベンディット・ルール」と呼ばれ、日本でも二〇一〇年に同じ内容のルールが公認野球規則八・〇一(f)として定められている。

なお、ベンディットは二〇一五年六月五日にオークランド・アスレティックスでメジャー昇格を果たし、同じ日にスイッチヒッターのブレイク・スワイハート(Blake Swihart)と対戦した。これはパット・ベンディット・ルールがメジャーリーグで適用された初めての例となった(結果はこのときも空振り三振)。

ルールは、(i)複数の均衡の中から特定の均衡を導くこともあれば(交通ルールの例)、(ii)均衡が存在しない状況で均衡を作り出すこともある(野球ルールの例)。それから、(iii)ある均衡から別の均衡へと移行させることもありうる。特に、望ましくない均衡から望ましい均衡へとどのように移行させるかは政策上しばしば問題となるが、その話は次節のテーマである。

Column(2) 読み合いのないゲームの均衡

本節では、均衡を「読み合いの止まるところ」として説明している。しかし、読み合いの存在は均衡の必要条件ではなく、読み合いがなくても均衡は生じる。

第一に、プレーヤーの合理性を仮定しないゲームでは読み合いというものがないが、均衡概念はこのような場面にも応用できる。たとえば、生物の進化をゲーム理論によって説明するときは、プレーヤーである生物が何らかの推論を行ったり将来の見通しを立てたりすることは仮定されない。その場合の均衡は、生物の行動が自然に収束していく先だと解釈される。

第二に、他のプレーヤーがどういう行動をとろうとも、自分にとって最も有利な行動は同じ、ということがある。野球のピッチャーの例を使うと、「バッターがどのような球種を待っているとしても、ストレートで勝負すれば打ち取れる確率が最も高い」という状況などが挙げられる。この「ストレート」のように、相手の出方に関係なくつねに最大の利得をもたらす戦略を「支配戦略（dominant strategy）」と呼ぶ。もしすべてのプレーヤーが支配戦略をもっていれば、ゲームの中での読み合いは存在しなくなる（ただ単純に、全員が支配戦略を選択する状態が均衡になる）。

次節の「囚人のジレンマ」は、全員が支配戦略をもつゲームの一例でもある。

引用文献

・John Nash, *Non-Cooperative Games*, 54 ANN. MATH. 286（1951）〔落合卓四郎＝松島斉訳『ナッシュは何を見たか』〔シュプリンガー・フェアラーク東京、二〇〇五年〕所収〕

・David Lewis, Convention: A Philosophical Study, Harvard University Press (1969)

主要参考文献

・西原春夫『交通事故と信頼の原則』（成文堂、一九六九年）
・Douglas G. Baird, Robert H. Gertner & Randal C. Picker, Game Theory and the Law, Harvard University Press (1994)
・神取道宏「ゲーム理論による経済学の静かな革命」岩井克人＝伊藤元重編『現代の経済理論』（東京大学出版会、一九九四年）一五頁

7 囚人のジレンマ
協力と裏切りのしくみ

▼割り勘の「意図せざる結果」

ある日、あなたと友人がランチを食べに行くことになったとする。友人の提案で、ランチ代は割り勘で払うことに決まった。店のメニューは二つ。八〇〇円のそばと二〇〇〇円の寿司である。

あなたがそばを食べたときの満足度は高く、金銭で評価すると一二〇〇円分になるとしよう（したがって、八〇〇円を払ってそばを食べれば差し引き四〇〇円分の得をする）。それに対し、この店の寿司はなかなかおいしいが量が控えめなため、寿司を食べたときの満足度はちょうど二〇〇〇円分である。さらに、友人もあなたとまったく同じ嗜好をもっており、そばを一二〇〇円分、寿司を二〇〇〇円分と評価しているとする。

さて、あなたはどちらを選べばよいだろうか？　支払う金額は、双方ともそばを選べば八〇〇円ずつ、双方とも寿司を選べば二〇〇〇円ずつ、一方がそばを選んで他方が寿司を選べば一四〇〇円

		友人	
		そば	寿司
あなた	そば	400，400	-200，600
	寿司	600，-200	0，0

※各セルの左側の数字はあなたの利益，
右側の数字は友人の利益

ずつとなる。

まず、友人がそばを選ぶと仮定しよう。すると、あなたがそばを選んだ場合、前述のとおりあなたは一二〇〇円－八〇〇円＝四〇〇円分の得をする。寿司を選んだ場合は二〇〇〇円－一四〇〇円＝六〇〇円分の得になる。よって、寿司を選んだほうが満足度は大きい。次に、友人が寿司を選ぶと仮定してみる。あなたはそばを選ぶと二〇〇円分の損をし（一二〇〇円－一四〇〇円）、寿司を選ぶとプラスマイナスゼロになる（二〇〇〇円－二〇〇〇円）。このときもやはり寿司を選んだほうがよく、結局「友人がどちらを選ぶとしてもあなたは寿司を選ぶのがよい」という結論になる。

友人も自らの満足度をできるだけ大きくしたいと思っていれば、おそらくあなたと同じように考えるだろう。というわけで、あなたも友人も寿司を注文することになり、満足度はどちらもゼロとなる。

ところが、仮に両方がそばを選んでいれば、あなたも友人も四〇〇円分の得をしていたはずである。⑤で登場した用語で表現すると、どちらもそばを選んだときには「パレート改善」し、「効率的」な状態になる。つまり、両方が寿司を注文するのは非効率なのである。

この例では、それぞれの人が自分にとって最良の選択を行うと、全体としては最良でない非効率な状態に陥る。お互いに利益になる状態があるのにもかかわらずそれが実現しないかもしれない――こういう状況を端的に示すモデルが囚人のジレンマ（prisoner's dilemma）である。

▼囚人のジレンマの構造

似たような問題が至るところで発生しうるというのは昔から何となく気づかれていたが、明確にゲームの形で問題状況が示されたのは第二次大戦直後のことだった。アメリカ・ランド研究所のメリル・フラッド（Merrill Flood：1908-1991）とメルヴィン・ドレッシャー（Melvin Dresher：1911-1992）という二人の数学者がその生みの親、そして同研究所顧問の数学者アルバート・タッカー（Albert Tucker：1905-1995）が名付け親である。「囚人のジレンマ」の名称は、タッカーがこのゲームを説明するために用いた逸話にちなんでいる。逸話の細部は時代が下るにつれ変化してきたが、よく知られるのは次のバージョンであろう（Luce and Raiffa 1957）。

二人の被疑者（囚人ではない）PとQが別々の取調室に入れられている。検察官は二人が重罪を犯したのだろうと思っている。だが、裁判にかけて重罪で有罪にできるほどの十分な証拠はない。そこで、この検察官は各被疑者に「黙秘」「自白」の二つの選択肢を示す。双方とも黙秘すれば軽い罪で起訴するしかないため、それぞれ一年ずつの懲役となる。もし一方が黙秘して他方が自白すれば、自白した被疑者は証拠を提供してくれたという理由で三か月の懲役に減軽され、反対に、黙秘した被疑者は懲役一〇年の判決を受けることになる。そして両方とも自白した場合は八年ずつの

	Q 黙秘	Q 自白
P 黙秘	-1, -1	-10, -1/4
P 自白	-1/4, -10	-8, -8

※各セルの左側の数字はＰの懲役年数，
右側の数字はＱの懲役年数

懲役判決を受ける（上の表を参照）。

Ｐはどうすればよいか。Ｑが黙秘すると仮定すれば、Ｐは自白したほうがよい。なぜなら、黙秘するとＰは一年も刑務所に入れられるが、自白すると三か月で出てこられるからである。Ｑが自白すると仮定した場合も、黙秘なら懲役一〇年、自白なら懲役八年になるので、やはりＰは自白したほうがよい。

Ｑも同じように考えて自白するだろう。先ほどの割り勘の話と同様、双方ともに黙秘するほうが双方ともに自白するよりも望ましいのに、後者の状態に落ち着いてしまう。すなわち、双方が自白する状態は以前述べた「ナッシュ均衡」になっている（詳細は⑥参照）。このゲームでは、パレート最適でない唯一の状態が均衡になる。

囚人のジレンマは、自分が抜け駆け的に利益を得ようとすると他の人にしわ寄せが来てしまう、という構造になっている。自白をする場合も、割り勘のときに高額のものを注文する場合も、その分のしわ寄せは別の人のところへ行く。個人にとって得になる行動が他者によるコスト負担につながり、みんなが同じことをすれば最終的にはみんなが損をする。

▼均衡の移動と法制度

世の中には囚人のジレンマと同じ状況がいくつも潜んでいる。法が関わる領域も例外ではない。そのうち多くのケースでは、法はジレンマ状況を打開するための手段を提供している。たとえば、ルールによる規制がない世界で次のような事態が生じたとしよう。

(1) AとBが食糧の売買をしようとしている。売主Aからすれば、食糧を渡さずに代金だけを持ち逃げするのが得である。買主Bからすれば、代金を渡さずに食糧だけを持ち逃げするのが得である。

(2) 池の近くに住んでいるCとDは、池の魚を獲りながら生活している。CにとってもDにとっても、魚をなるべくたくさん獲るのが得になる。けれども、今期の魚が減りすぎると十分な繁殖ができなくなるため、来年以降の魚が少なくなってしまう。

(3) EとFは示談交渉をしている。相手が弱腰の姿勢を見せれば、強気に出たほうがよいと両者は思っている。逆に相手が強気に出たときも、弱腰になるとつけ込まれるので自分も強気に出たほうがよい、とも思っている。

(4) GとHは、傾きかけた事業を営むSにお金を貸している。GとHの両方が今期すぐにお金を回収しようとすると事業は継続不可能となり、半額しか返ってこない。両方が来期まで待てば八割は返ってくる。一方のみが今期回収すれば全額返ってくるが、その場合は十分な運転資金が残されなくなるため、他方はせいぜい三割しか取り戻せない。

これらはいずれも囚人のジレンマの構造になっている。前のテーマで扱った相互作用状況と大きく違っているのは、相手がどういう選択をするかに関係なく、全体としては望ましくない戦略が個人にとっては最良の選択になっている、という点である。囚人のジレンマでは、自分がとりたい選択は相手の出方に依存しない。したがって、望ましくない均衡に陥るのを回避するには、利得構造を変化させて選択肢に対する選好を動かさなければならない。

そのための方法の一つは、当事者が同じ場面に繰り返し直面するような設定にする、というものである。たとえば(1)の例でＡとＢが継続的な関係にあれば、どちらも持ち逃げを控える可能性が高い。持ち逃げすると相手はもう二度と取引をしてくれなくなるかもしれず、その損失を考えれば履行するほうが得になるだろう。(2)の例でも、ＣとＤの視野に将来の利得が入ってくると、どちらも魚を獲りすぎないよう気をつけるかもしれない。

しかしながら、相手と会うのが頻繁でない場合は別の手立てを考える必要がある。法制度はそうした試みの一環と捉えることができる。(1)の例では契約法や不法行為法、あるいは刑法の諸規定が当事者の利得構造を変える。持ち逃げした人に損害賠償責任を負わせたり罰金を科したりすれば、持ち逃げのインセンティブが殺がれて履行が促進されるだろう。(2)〜(4)の例でも、法律その他のルールがジレンマの解決策を与えうる（どのようなルールを用いればジレンマを回避できるか、そして現実にはどんなルールがあるか、ぜひ考えてみていただきたい）。

望ましくない「協力」

囚人のジレンマのモデルはフラッドとドレッシャーの予想をはるかに上回る影響力を長期にわたってもつことになり、社会科学には欠かせない概念となった。タッカーが与えた名称も、人口に膾炙する一因となったのだと思われる。

ただ、ストーリー仕立てにするのには一長一短があり、直感に訴える力が強まる反面、ゲームの形式とは無関係な感情的要素が入り込みがちである（Poundstone 1992）。そのため、仲間を陥れる「自白」は道徳的にも悪い行為のように感じられやすい。ややこしいことに、囚人のジレンマを説明する文献では、元の逸話での「黙秘」にあたる戦略が「協力」行動に、「自白」にあたる戦略が「裏切り」行動になぞらえられるのが普通である。

だが、形式的には「黙秘」＝「協力」に該当する行為であっても、望ましい行為ばかりであるとは限らない。ここでは二つの点について述べておこう。

第一に、囚人のジレンマにおける「協力」は当事者間での協力を指しており、当事者以外の状態も考えると必ずしも望ましいとは言えなくなる。たとえば入札・競売での談合や種々のカルテルは、当事者である企業の間では協力行動にほかならない。しかし当事者以外の人々（特に消費者）にその分のコストを負担させているので、社会全体としてみれば非効率的で望ましくない行動だと評価できる。一部の人たちによる内輪の取決めは、往々にして望ましくない「協力」になる。

第二に、囚人のジレンマの状況をうまく利用しながら機能しているシステムもある。第一の点とも関連するが、競争のシステムは一般に囚人のジレンマと同じ構造になっている。ビジネス、試験、スポーツなどの舞台では、一生懸命努力することや公正であることが美徳とされるが、実は構造上、これらは他者にコストを課して自分が利益を得る「自白」＝「裏切り」行動である。つねに「協力」が善で「裏切り」が悪というわけではなく、「協力」および「裏切り」の意味が私たちの価値観とずれることがある。

ルールにも、ジレンマ状況の克服を目指しているルールと、ジレンマ状況を保存する役割を担っているルールとが存在する。研究者の間でも意外と見過ごされているが、「社会のどの部分を切り取って囚人のジレンマのモデルを当てはめるか」、「囚人のジレンマと私たちの価値観がどのようなときに一致するか（または一致しないか）、それはなぜか」といった問題にはもう少し注意が向けられてもよいように思う。

引用文献

・R. Duncan Luce & Howard Raiffa, Games and Decisions: Introduction and Critical Survey, Wiley（1957）

・William Poundstone, Prisoner's Dilemma: John von Neumann, Game Theory, and the Puzzle of the Bomb, Doubleday（1992）〔松浦俊輔ほか訳『囚人のジレンマ——フォン・ノイマンとゲームの理論』〔青土社、一九九五年〕〕

主要参考文献

・Douglas G. Baird, Robert H. Gertner & Randal C. Picker, Game Theory and the Law, Harvard University Press（1994）
・Ward Farnsworth, The Legal Analyst, University of Chicago Press（2007）

8 社会的ジレンマと公共財

個人と社会を映す鏡

▼鎌倉の道路をめぐる法令

幕府が置かれていたころの鎌倉は、お世辞にも治安がよいとは言えなかった。夜討ち、人殺し、盗み、悪党の狼藉、路上で女性を狙う誘拐（辻捕）、人身売買など、さまざまな犯罪が頻発していた。そのうえ、町には孤児や病人が置き捨てられ、牛馬の骨や肉が放置されていることもあったという。

一二四〇（延応二）年、当時の執権北条泰時（一一八三─一二四二）の名で「鎌倉中の保々の奉行が心得ておくべき条々」が決定された（「保」は当時の行政区画の名称）。これは鎌倉で禁止される行為を八つ定めた命令だが、そこでは盗み・辻捕・押買などと並んで「小路を狭くすること」が挙げられている。並列されている他の行為と比べると、ずいぶんとかわいい行為に思える。

鎌倉は、三方を丘陵に囲まれている狭い土地である。この小さな町の人口は一二二〇年代に入ってから急激に増え、住むための土地はだんだん稀少なものになっていった。そのような急速な都市化の中で人々は自己の支配領域をなるべく広げようとしたため、道沿いの家は次第に公道にせり出してきて、人々が往来する道が狭くなってくることがあった。『吾妻鏡』には、町の整備に情熱を傾けていた鎌倉幕府が公道の確保に苦慮するさまを示す記事があちらこちらに見える。道路の幅員の確保は中世都市に共通する課題であり、鎌倉に限らず中世ヨーロッパの都市にも同様の問題が起こっていたようである（高橋二〇一二）。

前記の幕府の命令がすぐに奏功したという様子はない。幕府は延応二年の命令以後もたびたび法令を出し、道を侵食していく行為を禁止している。たとえば、五年後の寛元三年には「家の檐《のき》を道に差し出すこと」「町屋を造って道を徐々に狭くすること」「溝の上をまたいで家を造ること」などを禁ずる法令が出されている。

▼フリーライダー問題

道路は**公共財**（public goods）の例としてよく引き合いに出される。公共財とは、各個人が共同で対価なしに消費できる財やサービス、ととりあえずは表現できよう。詳しく言うと、(i)利用の対価を支払わない人を排除できないという性質（非排除性または排除不可能性）、(ii)ある人の消費によって他者の消費が減少しないという性質（非競合性または消費の集団性）の両方を備えた財が、純粋な意味での公共財である。

道路以外で例として挙げられるのは、公衆衛生、消防、警察、国防、公園、電波、花火、それに法律や司法制度などだろう。ただし現実には、非排除性と非競合性はあるかないかのどちらかではなく、性質の程度が問題となる。なかには、技術水準の向上によって排除可能性が高まり、公共財の性質が弱くなっているものもある（有料道路やケーブルテレビが例）。

公共財を供給するためには、それなりにコストをかけなければならない。しかし、⑦で述べた囚人のジレンマと実質的には同一の状況がここで発生する。個人にとっては、コストを負担せずに利用だけするのが得になる。利益は享受するが必要なコストは負担しない人をフリーライダー（free rider）と言うが、これは囚人のジレンマにおける「自白」＝「裏切り」行動に相当する。

異なるのは意思決定を行うプレーヤーの数のみで、プレーヤーがとりうる選択肢は囚人のジレンマとまったく同じである。つまり、各プレーヤーが「個人的な利益は低下させるが、社会全体の利益の上昇には寄与する行動」（協力行動）と「社会全体の利益は低下させるが、個人的な利益の上昇には寄与する行動」（裏切り行動）のいずれかを選択する状況になっている。そして、個人にとって得になる行動をみんなが選択すれば、結局はみんなが損をする。言い換えると、個人レベルの合理性と集団・社会レベルの合理性（ここでは効率性）が乖離している、ということである。

このような多人数バージョンの囚人のジレンマを**社会的ジレンマ**（**social dilemma**）または**集合行為**（**collective action**）**の問題**と呼ぶ。公共財の文脈では、フリーライダーが増えると供給に要する経費がまかなえなくなり、結果的には最適な供給量に及ばなくなってしまう、という現象が社会的ジレンマに該当する。みんなが得できる機会が失われるのである。

公共財の存在は、市場の失敗を引き起こす原因の一つとされる。民間部門に公共財の供給を任せると最適な供給量よりも少なくなるため、代わりに政府や自治体が公共財の供給主体になるケースがあり、その場合には経費は主として徴税で調達されることになる。先に列挙した公共財の多くも、公共部門によって供給されている。鎌倉の道も、幕府の介入が全然なければもっと狭く貧相になっていたかもしれない。

けれども、供給過少の問題を軽減または解消するためには必ず政府や自治体が肩代わりしなければならない、というわけではない。良好な景観、生活のための資源、慈善活動、芸術活動、あるいは知識や情報など、世の中には公共財の性質を有する財やサービスが非常に多い。したがって、すべてをこの方法だけで乗り切るのには無理があるだろう。

▼社会的ジレンマと法制度

法制度は、いくつかの方法を使い分けながら社会的ジレンマが起こりうる状況に対処している。まず、他者を益する協力行動を人々がとらざるをえなくなるような、あるいは、自然に協力行動に導かれるような物理的条件を作り出す、という方法がある。環境を守るために特定の化学物質の使用を禁止する、技術改良によって財やサービスの排除可能性を高めるといった方策がこれに属する。

次に、選択的誘因（すなわちインセンティブ。①参照）を与えて協力行動を選択するよう仕向けるという方法がある。協力行動がとられなくなる理由の一つは、協力行動のもたらす利益が拡散してしまい、その人自身の取り分が貢献度のわりに少なくなることにある。ということは、社会的利益に寄与した人が相応の個人的利益を得られるようにする手段があれば、ジレンマは緩和されると考えられる。

インセンティブ付与の方法にも複数のものがある。社会的に有益な行動をとった人に一定の権利を認める（例・知的財産法）、補助金を与えたり税金を減らしたりする（環境法、公衆衛生法）、逆に、そのような行動をとらない人に不利益を課す（刑事法、交通関係法）という方策が広く使われている。

さらに、社会的に有益な行動をより控えめに支援する方法もある。たとえば、自由な言論の保障は、「意見を開陳しやすい環境」という公共財が維持されるための条件となる。人々がお互いに似た意見を抱いているような雰囲気のもとでは、他の人たちと異なる意見を述べるのには相当の勇気がいる。しかし、ひとたびいろいろな意見が出だすと、本当は異なる意見をもっている人たちにとって、自分の意見を述べるのはかなり容易になるだろう。どんな内容の議論であれ、他者とは違う意見を述べるという行動、そしてそれによって現れる意見の多様性は立派な公共財である。

この例では、公共財は人々の自発的な行動を通じて「供給」されている。法制度はそのような供給を可能にする基盤を提供していると見ることができよう。前の二つの方法ほどには目立たないので認識されにくいが、にもかかわらず影響の大きい、重要な支援である。

社会的ジレンマは実にさまざまな場面で生じうる。私たちは、ときとして制度の助けを借りながら意図的にジレンマの解決を試みる。けれどもその一方で、自然にジレンマが解決されているということも決して少なくはない。理論のうえで生じうる問題が実際にいかにして回避されているのかを知るためには、人々の相互作用をより詳しく見ていく必要があるだろう。

▼公共財ゲーム

現実の世界で社会的ジレンマがどのように解決されているか、その一端を明らかにしてくれるのが「公共財ゲーム」である。

このゲームでは、それぞれの参加者に一定額の金銭があらかじめ与えられる。各参加者が決めなければならないのは、その初期保有額のうちいくらを「公共財」のために拠出するかである。その後、参加者から拠出された額の合計を実験者がx倍し（xは一より大きく参加者数より小さい数字）、全参加者の人数で均等割りして渡す。

具体例として、五人からなるグループを作り、一人につき五〇〇円を渡しておくとしよう。各参加者は、五〇〇円のうちいくらをグループ全体のために支出するかを決定する。実験者は、集まった拠出金の合計を二倍にしてグループ全員に分配する、と仮定する。各参加者の利得は、返却額を均等割りした額と、手元に残っている額の合計である。もし全員が五〇〇円すべてを支出すれば、五人から集まった二五〇〇円が倍の五〇〇〇円になるので、全員が一〇〇〇円ずつもらえる（このとき、全員が得る額の合計は最大となる）。

ここで、五人のうちの一人が支出額をゼロにしたとしよう。すると、他の四人から集まった拠出金二〇〇〇円が倍の四〇〇〇円となり、参加者には一人あたり八〇〇円が配られる。支出しなかった参加者の取り分は、手元に残っている五〇〇円と合わせて一三〇〇円ということになる。このことからわかるように、支出を抑えるほうが個人にとっては合理的である。

公共財ゲームでは、理論上、参加者は正の金額を支出するインセンティブをもたないはずである。ところが実験をしてみると、支出額をゼロにする参加者は意外に少ない。ただ、ゲームを繰り返し行うと支出額をゼロに切り替える人が多くなってくる。

この結果はどう解釈すべきだろうか。繰り返すうちに合理的な行動を学習するのだろうと思われるかもしれないが、実はそれでは十分に説明できない。というのは、メンバーを組み替えて新しいグループを作ると、支出額が再び増える傾向が見られるのである。グループ内で公共財ゲームを繰り返しプレーしていくうちに、支出額はまたゼロに近づいていく。

よりもっともらしいのは、人々は条件つきで協力行動をとっているのだ、という説明であろう。ある実験では、約半分の実験参加者が「他の人が協力するなら自分も協力する」という行動指針をとっていた（Fischbacher *et al.* 2001）。一方で完全なフリーライダーも少数いて、ゲームを何回か繰り返している間に、その人たちの合理的な行動は他の人たちにじわじわと伝染していく。だが、メンバーが替わるといったんリセットされる。

公共財ゲームは、多くの人間が「条件つき協力者」であることを示すと同時に、意識的な計算ではなく、直感あるいは感情が人々の行動を支えていることを示している。相手が協力してくれるのなら、自分も協力を厭わない。でも、自分だけ損するのは避けたい。人々がそう考えて行動を決めていたならば、すでにある程度の協力者がいる環境では自然に協力行動が維持されうる。

ここからは次のような問いが派生するかもしれない。どのような条件が揃えばそういう環境が現れるのだろうか。その中で法制度はどのような役割を担うことができるのだろうか。そもそもの話として、人間はなぜ「条件つき協力者」として振る舞うのか。社会的ジレンマは、社会制度についてだけでなく、人間の思考や感情について深く掘り下げるための格好の素材である。

引用文献

・高橋慎一朗『武士の掟』(新人物往来社、二〇一二年)
・Urs Fischbacher, Simon Gächter & Ernst Fehr, *Are People Conditionally Cooperative? Evidence from a Public Goods Experiment*, 71 Econ. Lett. 397 (2001)

主要参考文献

⑦で挙げた文献のほか、

・Mancur Olson, The Logic of Collective Action, Harvard University Press (1971) [依田博=森脇俊雅訳『集合行為論』〔ミネルヴァ書房、一九九六年〕]
・山岸俊男『社会的ジレンマのしくみ』(サイエンス社、一九九〇年)
・友野典男『行動経済学』(光文社、二〇〇六年)
・土場学=篠木幹子編著『個人と社会の相克』(ミネルヴァ書房、二〇〇八年)

9 スタグハントゲーム

協力と調整の交錯

疑心暗鬼のプレーヤーたち

二〇一三年一〇月までアメリカ合衆国第七巡回区控訴裁判所の首席裁判官を務めていたフランク・イースターブルック（Frank Easterbrook）判事は、ある判決の中で囚人のジレンマに言及しようとした（Page v. United States, 884 F.2d 300, 301（7th Cir. 1989））。

「戦略や交渉を学ぶ人たちは、『囚人のジレンマ』というゲームを初めの一歩にしている。お互いに相談することのできない二人の被疑者が、検察官の提案を受け入れるかどうかを決めなければならない。自白を選択すると、他方に罪を負わせることになり、自身は一年の懲役ですむ。黙秘を選択すると、その人は五年の懲役に処される。もし被疑者たちが（拘束力のある）取決めをすることができれば、彼らは黙秘を貫いて釈放されるであろう。しかし彼らは意思疎通ができないので、他方が自白してしまうのではないかとお互いに恐れることになる。したがって結局、双方ともに自白する」。

だが、これは囚人のジレンマの説明としてはあまり適切でない（囚人のジレンマについては⑦を参照。なお、数値を変えた利得表を本書八五頁に示しておいた）。このままでは、二人とも黙秘をする状態も——釈放されるのはどちらにとっても嬉しいだろうから——均衡になる。囚人のジレンマにするには、「他方が黙秘したときに自白すれば、釈放されるよりもさらに得をする」という仮定を追加すべきである。

それに、「他方が自白してしまうのではないか」とプレーヤーが恐れるか否かは、囚人のジレンマとはほとんど関係がない。なぜなら、本来の囚人のジレンマでは、他方の被疑者がどの選択肢をとるかにかかわらず各被疑者は自白を選ぶはずだからである。相手もまた自白を選ぶに決まっているので、恐れる余地すらない。意思疎通があろうとなかろうと、自白はつねに有利な戦略なのである。

実際のところ、先に述べたような囚人のジレンマの「疑心暗鬼バージョン」は広く見られる。イースターブルック判事は、ゲーム理論や経済学の初心者だったわけではない。それどころか、法の経済分析で優れた業績を残している学者である。そのイースターブルック判事でさえも混乱するくらい、人間行動、特に協力行動に関する私たちの直感と囚人のジレンマのモデルとの間には隔たりがある、ということなのかもしれない。違う言い方をすれば、協力行動というのは囚人のジレンマだけでは名状しがたい、多彩な側面をもつ現象なのであろう。

▼リスクか安全か

次のような例を考えてみよう。ジャン＝ジャック・ルソー（Jean-Jacques Rousseau：1712-1778）の『人間不平等起原論』の一節を脚色した話である（Rousseau 1754：中公文庫版では八四頁）。

意思疎通ができない状況にある二人の狩人PとQがいる。PとQは、「協力してシカを獲りに行く」か、それとも「一人でウサギを獲りに行く」か、どちらかをおのおの選ぶことができる。二人とも前者を選べば、確実にシカを捕まえて二人で分け合うことができ、それぞれ利得2を得る。一人でウサギを獲りに行くと、その人は利得1を得る。しかし、一人でシカを捕まえることは不可能であり、単独でシカを獲りに行くと利得はゼロになってしまう。

このゲームを**スタグハントゲーム**（**stag hunt game：鹿狩りゲーム**）と言う。仮にQがシカを獲りに行くとすれば、Pにとってはシカを獲りに行くほうが好ましい。Qがウサギを獲りに行くのであれば、Pもウサギを獲りに行くほうがよい。そして同じことがQにも言える。したがって、このゲームでは均衡となりうる状態が複数ある。

では、複数あるうちのいずれの均衡に落ち着くのだろうか。両者にとって、シカを獲りに行く均衡での利得は2、ウサギを獲りに行く均衡での利得は1だから、当然シカを獲りに行くはずだ、ということになりそうである。もし事前に取決めをすることができれば、二人でシカを獲りに行くという最も望ましい状態が実現するだろう。

しかし、狩人たちは事前にそのような相談ができない。スタグハントゲームのプレーヤーが抱え

囚人のジレンマ

	Q 黙秘	Q 自白
P 黙秘	2, 2	0, 3
P 自白	3, 0	(1, 1)

スタグハントゲーム

	Q シカ	Q ウサギ
P シカ	(2, 2)	0, 1
P ウサギ	1, 0	(1, 1)

※各セルの左側の数字はＰの利得，
　右側の数字はＱの利得
※○を付した部分は均衡

る問題は、相手の出方についてお互いに確信がもてないという点にある。たしかにシカを選べば利得は大きくなるが、食事にありつけないという最悪の結果が生ずる可能性も残る。これに対し、一人でウサギを獲りに行くのを選べば、食べ物を確実に手にすることができる。

リスクを伴うシカを選ぶか、安全なウサギを選ぶか。相手もシカを選んでくれると信じられる場合に限り、自分も安心してシカを選べる（このことから、「安心ゲーム（assurance game）」という異名をもつ）。相手を信頼していなければウサギを獲りに行く誘惑に駆られるかもしれない。さらに、安全策をとりたがる人だと相手に思われてもいけない。相手はシカに賭けてくれるだろう、と相互に信じることが要求される。

ゲームの違いと法の役割の違い

スタグハントゲームは、協力行動における信頼の重要性を簡潔に示している。先の疑心暗鬼バージョンも、このゲームによってより適切に表現される。つまり、通常の囚人のジレンマとは異なり、「相手が妙な行動をとるのではないか」という恐れが自分の行動選択に響いてくる状況が表されているのである。

「協力」あるいは「集合行為」と呼ばれる現象の中には、囚人のジレンマや社会的ジレンマではなく、スタグハントゲームを用いたほうがよいと思われる現象が混在している（Skyrms 2004）。たとえば、銀行の取付け騒ぎはしばしば囚人のジレンマのモデルで扱われる。そこでの協力行動とは、銀行に対して預金の払戻しをすぐに求めないことであろう。協力しない人（預金を引き出す人）が殺到すれば銀行は経営困難に陥り、全体としては望ましくない結末を迎える。その意味では囚人のジレンマに近い。しかし、誰も預金を引き出そうとしなければ自分も引き出すつもりはない、ということも多いだろう。そうだとすると、「どの預金者も引き出さない」という状態は均衡の一つになっている。したがって、そのような取付け騒ぎにはスタグハントゲームのモデルのほうがむしろ適合する。

同じように、一部の社会運動もスタグハントゲームの様相を呈することがある。社会に不満が蔓延していても、必ず社会運動が起きるとは限らない。囚人のジレンマ（ないし社会的ジレンマ）のモデルが当てはまるのは、社会運動を企画したりそれに参加したりするのにはコストがかかるため、ただ乗りを決め込む人たちばかりになってしまっている、というケースである。一方、「他の人たちが立ち上がってくれれば参画するのにやぶさかではないが、自分だけ立ち上がっても無意味だ」と各人が思っている、というケースにはスタグハントゲームのモデルがふさわしい。

両ゲームの違いはわずかである。けれども、描写に用いるモデルが異なると、導き出される法政策上の含意も異なってくる。囚人のジレンマでは「どのようにプレーヤーの利得構造を変えるか」が課題となるのに対し、スタグハントゲームでは「どのようにプレーヤー間の信頼を醸成・維持するか」が課題となる。

前者の場合は法的または社会的サンクションの利用という策に結びつきやすいが、後者の場合はよりソフトな手法だけで望ましい状態を達成することが可能である。前記の取付け騒ぎを防ぐ方法としては、銀行に対する信用を高めたり、いざというときの預金保護手段（預金保険制度など）を用意したりするという政策が挙げられる。その他にも、情報の流通やプレーヤーの組織化が役立つようなスタグハントゲーム状況もあろう。

▼青田買いと就職協定

以上の二つのモデルの区別が曖昧になる理由の一部は、多くの人々が「条件つき協力者」であるという事実にもある（⑧参照）。「他の人が協力するなら自分も協力する」、あるいは「協力する人に対しては自分も協力すべきだ」と考えている人は、自分が抜け駆け的に利益を得るのを控えるだろう。相手を出し抜くときに（たとえば良心の呵責を感じたり自己イメージが傷ついたりすることによって）精神的なコストを負うとすれば、囚人のジレンマにおける「3」の利得（本書八五頁参照）がそのコストの分だけ減ることになる。条件つき協力者がプレーヤーになっているとき、囚人のジレンマ状況はスタグハントゲームに似たものに映る。

それゆえ、客観的には同一の状況であっても、人によって認知のしかたは異なりうる。まったく同じ場面を、条件つきの協力をするプレーヤーはスタグハントゲーム、純粋な経済人プレーヤーは囚人のジレンマとして見ているかもしれない。興味深いのは、複数のタイプのプレーヤーが存在しているときにどのように推移し、いかなる結果に逢着するかである。

かつて企業と学校の間で結ばれていた「就職協定」は、おそらく一つの参考になる事例であろう（以下の記述につき、野村二〇〇七）。この就職協定は新卒者の採用開始時期を取り決めた紳士協定で、一九五三年に当時の文部省が大学や日本経営者団体連盟（日経連）を集めて「採用試験は一〇月中旬から一か月くらい」と決めたことに端を発する。

一般に、採用開始時期が早まって青田買いが過熱すると、企業は疲弊する。過去に繰り返しこの種の協定の締結が試みられているところを見ると、少なからぬ数の企業が採用開始時期の早まりを阻止しようとしたのだと思われる。みんなが協定を守るのであれば余計なコストを支出せずにすみ、自分も協定を守ったほうが得である。そう考える企業はスタグハントゲームをプレーしていることになる。

ところが、抜け駆けで優秀な学生を採用する企業が出現する。このような企業がプレーしているのは囚人のジレンマである。そして、利己的行動をとる企業が増えれば増えるほど、就職協定を守っている企業は大きく損をしてしまう。一九六二年になると、日経連が「守られない協定を維持することは業界の良心が許さない」と言って就職協定から離脱し、スタグハントゲームはほぼ全面的に囚人のジレンマに切り替わっていった。

一九七一年には就職協定が一度復活する。しかし景気がよくなると違反企業が出て、協定は再び形骸化していく。とうとう一九九六年に就職協定は廃止されたが、それ以降も採用開始時期の早期化をどのように抑えるかは問題になっている。

二〇一五年現在、就職活動に関するルールの先行きは不透明である。二〇一三年、日本経済団体連合会（経団連）は政府の要請を受けて就職活動の時期を繰り下げ、二〇一六年卒業予定者については選考解禁時期を八月からとする方針を決定した。それまでと比べると、就職活動が三～四か月遅くなったのである。

だが（やはり？）このルールは守られなかった。「就活の日程が本当に守られるのか。一度生じた疑心暗鬼は最後まで消えず、人手不足も相まって学生も企業も神経質になり、混乱に拍車をかけた。ルールに従わず人材を囲い込もうと考えた企業は一部の外資系企業、経団連非加盟の企業にとどまらない。中小企業でも解禁破りに加え内定辞退が相次いだ」（日本経済新聞二〇一五年一〇月二六日朝刊）。

混乱の中でルールは再変更され、経団連は、二〇一七年卒業予定者については選考解禁を六月とする方針を決めた（二〇一五年一二月現在）。これからどうなるかは何とも言えないが、ただ採用時期だけが各企業の行動選択肢になっている限りは解決が難しいように思う。

引用文献

・Jean-Jacques Rousseau, *Discours sur l'origine et les fondements de l'inégalité parmi les hommes* (1754)〔小林善彦訳『人間不平等起原論』（中央公論新社、一九七四年）〕
・Brian Skyrms, The Stag Hunt and the Evolution of Social Structure, Cambridge University Press (2004)
・野村正實『日本的雇用慣行』（ミネルヴァ書房、二〇〇七年）

主要参考文献

・Ward Farnsworth, The Legal Analyst, University of Chicago Press (2007)
・Richard H. McAdams, *Beyond the Prisoners' Dilemma: Coordination, Game Theory, and Law*, 82 S. Cal. L. Rev. 209 (2009)
・Eric A. Posner, Kathryn E. Spier & Adrian Vermeule, *Divide and Conquer*, 2 J. Legal Analysis 417 (2010)

⑩ 調整問題

ゲーム構造を超えて

▼度量衡のシステム

フランス革命の成果として、「度量衡の統一」がしばしば挙げられる。革命前のフランスには八〇〇種類もの度量衡単位が併存していたという。度量衡の制定権が領主にあったために地方によって単位は異なり、同じ村の中で単位が違うことすらあった。さらには、単位の名称が同じなのに表している量が場所によりまちまち、という困ったケースも生じていたようである。たとえば穀物の量を表す単位であるボワソー（Boisseau）は、パリでは約一三リットル、ボルドーではなんと約七八・八リットルだった（阪上＝後藤編著二〇〇七）。

革命前にも、何人かのフランス国王が度量衡の統一を試みてはいる。けれども試みはうまくいかず、本格的な度量衡統一は一七九三年まで待たなければならなかった。一八世紀後半はちょうど合理主義に則った制度構築が目指されていた時期でもあり、度量衡単位は自然に基づく体系的なものになった。その一例が現在使われているメートル法である。

メートル法は世界中に拡散したが、イギリスとアメリカではヤード・ポンド法が使われ続けた。しかしイギリスは一九九五年にメートル法に移行し、二〇〇〇年からはヤード・ポンド法の使用が禁止されている（取引や証明に用いることが禁じられている、という意味）。アメリカでは、公式にはメートル法を採用しているものの、ヤード・ポンド法の使用は禁じられていない。そのため実際には相変わらずヤード・ポンド法が広く用いられている。

戦後の日本でもヤード・ポンド法が用いられた時期があり、日本の場合はさらに尺貫法も使われていた。その後、「計量法」（一九五一年施行）という法律によって、一九五九年からヤード・ポンド法と尺貫法の使用が原則として禁止されるに至った。

統一さえされていれば、どの度量衡システムを使っても用は足りるだろう。もしかすると特定の度量衡システムが望ましいかもしれないが、てんでんばらばらよりはずっとよい。この例のように、それぞれの人が他の人たちと選択や行動を合わせたいと思っている状況――これを**調整問題**（**coordination problem**：**コーディネーションの問題**）が起きている状況と表現することがある。計量法は調整問題に対処するための法律の一つだと言えよう。計量法に限らず、多くの法律は調整問題を解決するのに一役買っている。

▼いろいろな調整ゲーム

調整問題を解決するために必要なものを知るには、調整のメカニズムとその阻害要因を探るとよい。調整問題の形式的な構造を示し、調整のメカニズムを把握するうえで参考になるのが「調整ゲーム」である。

「調整ゲーム」と通常呼ばれるゲームには、以下の四つのタイプがある（⑨で扱ったスタグハントゲームも、広義には調整ゲームに含まれる）。すべてのタイプに共通しているのは、プレーヤーがお互いに足並みを揃えることが主目的になっており、均衡が複数存在する、という点である。言葉による説明だけでは少々わかりにくいので、本書九五頁に掲げた利得表を見ながら説明文を読んでいただければと思う。

(1)　純粋調整ゲーム（pure coordination game）：このゲームでは、どの状態が好ましく、逆にどの状態が好ましくないかについて、プレーヤーたちは同じ意見を有している。つまり、状態の好ましさに関してプレーヤー間の対立はなく、ある均衡が別の均衡よりも効率的になっている場合もある。度量衡システムの例はこれにあたる。

(2)　狭義の純粋調整ゲーム：(1)の特殊ケースで、どの均衡においてもプレーヤーが受け取る利得は同一になっている。したがって、どの均衡になっても構わないのでとにかく相手と合わせることがプレーヤーの目標になる。右側通行・左側通行の選択などがこのタイプに属する。

(3)　男女の争い（battle of the sexes）：歩調を合わせることに主眼が置かれるが，どの均衡が好ましいかについての意見がプレーヤー間で異なっている。「男女の争い」という名称は次のストーリーに基づく。「ある女性（A）と男性（B）が，デートの行き先としてバレエ鑑賞（X）かボクシング観戦（Y）のどちらかを選ぼうとしている。一緒に同じところに行くのが最重要課題だが，AはYよりもXを好み，BはXよりもYを好んでいる」。このゲームには，「お互いにとって利益になる行動をとる」という動機と「自分にとって利益になる行動をとる」という動機の両方が潜んでいる。

(4)　スタグハントゲーム（stag hunt game）：プレーヤーたちがリスクのある選択肢（X）をとれば効率的な均衡に落ち着くが，安全・確実な選択肢（Y）をとれば効率的でない均衡に陥る。詳細は⑨を参照。

▼どのように調整するか

調整ゲームには複数の均衡が存在するため，どの行動をとるべきかを演繹的な方法のみに頼って一つに絞る，ということはできない。それゆえ，プレーヤーたちの行動を調整するには，ゲームの外から何らかの仕掛けを持ってくる必要がある。このような仕掛けにはいくつかの候補があるが，何が有効かはゲームの構造によって多少異なる。

第一に，プレーヤーが特定の均衡，特にパレート効率的な均衡（たとえば，(1)や(4)で両者がXを選択する状態）に到達できるような行動基準が追加されることがある。「相手がどちらを選択するかわからなければ、相手が各戦略を等確率でとると考える」といった基準がその例である。

第二に、事前のコミュニケーションを通じて互いの行動を調整するという場合がありうる。コミュニケーションは一方向でもよい。たとえば、Aが事前に「自分はXを選択するつもりです」とBに伝えたとすると、Aは自分の発言に反してYを選択しても何も得しないから、BもXを選択してくれる可能性が高くなるだろう。このようなコミュニケーションは(2)で大きな効果を発揮するが、他のタイプでもある程度の効果をもつ。

第三に、プレーヤー同士の明示的なコミュニケーションがなくても、暗黙の了解を介して調整が

(1)　純粋調整ゲーム

A＼B	X	Y
X	2, 2	0, 0
Y	0, 0	1, 1

(2)　狭義の純粋調整ゲーム

A＼B	X	Y
X	1, 1	0, 0
Y	0, 0	1, 1

(3)　男女の争い

A＼B	X	Y
X	2, 1	0, 0
Y	0, 0	1, 2

(4)　スタグハントゲーム

A＼B	X	Y
X	2, 2	0, 1
Y	1, 0	1, 1

※各セルの左側の数字はＡの利得，右側の数字はＢの利得
※○を付した部分は均衡

行われることがある。現実の人々は、XやYという抽象的で漠然とした選択肢に直面するわけではない。世界は意味に満ち溢れており、調整に利用できる手がかりはたくさんある。実際の調整問題の多くは、こういう手がかりの助けを借りて解決されている。人混みの中で離ればなれになった夫婦は、相互に連絡をとる手段をもっていなくても、「あの人ならあそこに行きそうだ」と考え、どこかで落ち合うことができるかもしれない。過去の経験、先例、慣習、類推などによってプレーヤーの期待が形成・共有され、こうしてできた暗黙の了解が行動の調整を容易にしてくれる。

アメリカの政治学者・経済学者であるトマス・シェリング（Thomas Schelling）は、各プレーヤーの期待が収束する点を**フォーカルポイント**（**focal point：焦点または注目一致点**）と呼んだ（Schelling 1960）。法学者の中には、法はプレーヤーの信念（具体的に言うと「他者がどう行動するか」に関する信念）に影響を及ぼしてフォーカルポイントを作り出す機能を担っている、と主張する人たちがいる（McAdams 2000；McAdams and Nadler 2008；McAdams 2015）。度量衡のシステムはその一つの例であるし、さまざまな規整ルールや任意規定もフォーカルポイントを提供するものだと考えることができよう。

▼調整役の「権威」

調整問題が生じている場面では、法は自己成就的な期待を創出する可能性がある。このことが含意するのは、法が強制力を備えていなくても、あるいは人々が格別の遵法意識をもっていなくても、依然として法は人々の行動に対して影響力をもちうる、ということである。

したがって、十分に強い力を行使できない統治機関も、社会の秩序を保つうえで（少なくとも表面上は）一定の役割を果たしうる。中世のアイスランドでは、大きな強制力をもった国家機関がなかったにもかかわらず、何世紀にもわたって堅固な法制度が維持されていた（Miller 1990）。弱体化した王室や政府なども、フォーカルポイントを提供する機能をしばらく保持し続けることがあろう。このようなケースでは、秩序を保つ力の源泉の大部分は「統治する側」と言うよりもむしろ「統治される側」のほうにある。均衡から逸脱する行動をとれば自分自身が損をするだけであり、場合によっては他の「統治される側」の人々からサンクションを科される。インフォーマルな力によってフォーマルな力が支えられているわけである。

実は調整を掌っているにすぎない機関が「リーダーシップや強制力がないと秩序が失われて混乱してしまう」と誤解または曲解する（そして人々もそう思い込む）というのも、またよくある話である。調整役を担当していること自体、ある種の権威をいつの間にか生み出すことがある。国家レベルの機関においても、もっと小規模な組織内の機関においても、同じような現象がときおり起こる。だが、機関のおかげで秩序が保たれるというのは、もしかすると単なるフィクションにすぎないのかもしれない。計量法や「左側通行」の標識がある日突然消えたとしても、社会が大混乱に陥るとは限らないだろう。おそらくそれと似ている。

いずれにせよ、調整ゲームというこのシンプルなゲームは、ゲーム理論で注目されやすい要素――なかでも利得構造――以外の要素の意義を浮き彫りにしてくれる。ゲーム理論と言うと囚人のジレンマ（⑦参照）が代表例として挙げられやすいが、調整ゲームも負けず劣らず有用なモデルである。

引用文献

・阪上孝＝後藤武編著『〈はかる〉科学』（中央公論新社、二〇〇七年）
・Thomas C. Schelling, The Strategy of Conflict, Harvard University Press（1960）〔河野勝監訳『紛争の戦略』（勁草書房、二〇〇八年）〕
・Richard H. McAdams, *A Focal Point Theory of Expressive Law*, 86 Va. L. Rev. 1649（2000）
・Richard H. McAdams & Janice Nadler, *Coordinating in the Shadow of the Law*, 42 Law & Soc'y Rev. 865（2008）
・Richard H. McAdams, The Expressive Powers of Law, Harvard University Press（2015）
・William I. Miller, Bloodtaking and Peacemaking, University of Chicago Press（1990）

主要参考文献

・Russell W. Cooper, *Coordination Games, in* 1 The New Palgrave Dictionary of Economics and the Law 473（Peter Newman ed., Palgraue Macmillan, 1998）
・長谷部恭男『憲法の理性』（東京大学出版会、二〇〇六年）

【Concluding Remarks of Chapter 2】

本章では、「均衡」の概念について説明した後、いくつかの種類のゲームを紹介した。「囚人のジレンマ」・「社会的ジレンマ」、「スタグハントゲーム」、「調整ゲーム」は、いずれも社会現象の描写をするのに頻繁に用いられる基本的なゲームである。

社会をゲームとして観察すると、人々の間の影響関係を――もちろん単純化された形ではあるが――明瞭に認識することができる。一見したところでは似たような状況に思えても、実は本質的に異なった状況であるという場合があり、ゲーム理論が提供してくれる分析枠組みはこの識別を容易にしてくれる。

状況が違えば、そこに適用されるルールの意味合いは違ったものになる。特に、人々の間の相互作用のパターンが異なれば、ルールの機能はおのずと異なってくる。この点は、法学においては意外と留意されていないように思われる。

たとえば、法律で個人の行動を規制しようとしているとする。その場合、念頭に置かれやすいのは被規制者と規制当局（または法律）との関係であろう。しかし、被規制者は何も規制当局や法律と向き合っているだけではない。他の人たちとの相互作用の中で生きているのである。したがって、被規制者は法律のみならず他の人たちを相手にしながら――言い換えると、複数の相手と向き合いながら――行動を選択している、ということになる。

法の効果を考える際にはこの点を認識しておくことは重要である。例を挙げよう。エスカレーター上で歩くことを禁じるルールが新たに周知されたとしても、すぐさま効果が出るとは限らない。あるいは、企業や使用者の行動を制約する法律ができたとしても、他の利害関係者の行動が従前と同じであれば、状況は一向に変化しないかもしれない。

つまり、人々の行動の間に相互作用がある場合、一方当事者の行動を規制しても目覚ましい効果は望めない可能性がある。特定の均衡にロックインしてしまうと、法による少々の介入があったところで人々は行動を変えることができず、結果として事態は何も変化しない、ということがありうる。

それとは反対に、ちょっとした介入や手助けをするだけで事態を容易に変えられることもある。たとえばスタグハントゲームでは複数の均衡がありうるが、一方のプレーヤーの戦略をどちらかに固定させることさえできれば、他方のプレーヤーの戦略もそれに応じて決まるため、望んでいる均衡へと導くことができる。

本章で触れた各ゲームにおけるプレーヤーの行動を考えてみると、法をはじめとする社会的ルールにはいくつかの異なる機能があることがわかる。

第一に、人々に対してインセンティブを付与し、望ましくない均衡から望ましい均衡へと移行させる、という機能がある（囚人のジレンマや社会的ジレンマの状況の場合）。つまり、協力行動をとらせるように仕向けて効率的な状態を実現するという機能である。法律の例を挙げると、契約の履行が不履行よりも得になるようにする法律、協働のための組織作りを容易にする法律、あるいは、資源の過剰利用や環境を劣化させる行動をやめさせる法律などである。

第二に、プレーヤー間の信頼ないし相互期待を醸成したり維持したりする、という機能である（スタグハントゲームの状況の場合）。プレーヤー同士が疑心暗鬼になりやすいために全体として望ましくない状態が生じうる場面では、社会的ルールが後ろ盾の役割を果たしてくれることがある。私たちが「条件つき協力者」であるとすればスタグハントゲームは案外広範に存在すると言えるが、そうだとすると、この第二の機能は軽視しえないものだろう。

第三に、複数のありうる候補があるときに、とにかくどれか特定のものに決めて均衡を導く、という機能もある（調整ゲームの場合）。交通ルールや度量衡ルール以外にも、会計ルールや取引ルールなどもこの例として挙げることができよう。また、パット・ベンディット・ルールのように、均衡が存在しない状況で新たに均衡を創設する、ということもある。言い方を変えれば、不確実性を縮小させて秩序を安定させる役割、と表現できる。

特に法による社会制御について論じる場合、私たちの目はサンクションの利用に向きがちだが、サンクションによらなくても望ましい均衡に到達できることもある。この点を認識することは、法（およびその他の社会的ルール）をより多くの可能性をもった装置として捉えることに結びつく。

次章への橋渡しをするために、以上のことを別の観点から述べ直しておこう。法の効果を大きく分けると、次の2種類がある（図を参照）。実際の法律は両方の効果をもっていたり、一方の効果だけをもっていたりする。

（α）法律が直接に行為主体に与える効果

（β）法律が社会における人々の相互作用を介して間接に行為主体に与える効果

法の効果を考える場合に注目されやすいのは（α）だが、（β）にも意を払う必要がある。相互作用における個人の意思決定のありようをいくつかのパターンに分類して見てきたのが本章、そして、相互作用の構造を大摑みに見ていくのが次章である。

図　直接の効果と間接の効果

【Questions】

□ 撤廃されると均衡が変化すると考えられる法律の例を挙げ、どのように均衡が変化するかを推測してください（さらに、均衡が変化しないと考えられる法律の例も挙げてみてください）。

〔参考〕スティーブン・シャベル『法と経済学』（日本経済新聞出版社、二〇一〇年）

□ 裁判所が出す判決（判例）を一種の公共財と捉える立場があります。(i)どのような意味で判決が公共財だと考えられるでしょうか。(ii)そこからどのような政策的な含意が導かれるでしょうか。

□ ⑨で述べた就職活動早期化の問題（本書八七頁以降）に対して、(i)あなたが規制担当者ならどういう対策を講じますか。また、(ii)この問題の背景には利害関係者たちのどのような希望や要求があり、そしてそれを軽減または解消するにはどうすべきだと思いますか。

Chapter

3

第三章

意思決定から社会現象へ

【*Introduction*】

前章までは個人の意思決定についての検討、いわばミクロ・レベルの分析に焦点を当ててきたが、この第三章からは徐々にマクロ・レベルの話に移っていく。本章のテーマは、個人の意思決定が集まるといかなる集合的結果をもたらすのか、という問題である。

第二章で見たように、個人の意思決定は独立して存在しているわけではない。人々の間の相互作用が、ときに意外な結果——意図せざる結果——を引き起こす。

「市場メカニズム」は、そのような意外な結果を生む相互作用の一例である。つまり、完全競争市場の条件を満たす市場は「個人の私益追求行動が社会的に最適な状態を実現する」という結果を生むメカニズムである。

市場メカニズムの発見以来、経済学は人間の相互作用の構造の解明に取り組んできた（⑪）。経済学が伝統的に分析対象としていたのは市場であったが（⑬）、現在では市場以外の領域も広く分析対象となっている。それに伴って、伝統的な経済学の考え方だけでは説明が難しい現象をよりよく分析するために、新たな概念やモデルも提示されてきた（⑫・⑭・⑮）。

本章で扱っているのはその一部である。社会の動きを的確に描写し、法の効果を考察するためには、相互作用の構造を知っておかなければならない。各人の行動指針が同一であっても、人々の間の相互作用のあり方によっては正反対の結果が発生しうるのである。

⑪ 外部性

人はみな孤島にあらず

▼植林の外部効果

日本の国土面積は約三七七九万ヘクタールだが、その三分の二（約二五一〇万ヘクタール）は森林である。そして森林面積の約一八パーセントを占めるのがスギ人工林で、面積にすると約四五〇万ヘクタールに達する（林野庁のデータより）。したがって、日本の国土全体の約一二パーセントは植林されたスギの木に覆われている、ということになる。これにヒノキ人工林（約二六〇万ヘクタール）を足せば、国土全体の約一九パーセント近くにもなる。

現在の人工林のスギやヒノキのほとんどは、戦後に植えられたものである。木材の需要が急激に増えたことを受けて、成長の遅い天然林から成長の早い人工林に切り換える「国有林生産力増強計画」が一九五〇年代後半から策定・推進された。当時は「国は投資を惜しまず増伐すべきだ」との意見が優勢になるような時代だった。結局、理の当然と考えられていたこの政策が、何十年か後には意図せざる結果――花粉症――を産み落とす。

花粉症による損失は甚大である。治療や症状緩和のための費用だけでなく、周囲の空気から花粉を除去したり外出を控えたりすることによる費用、さらには仕事に及ぼすマイナスの影響その他を計上すると、経済損失は何千億円にものぼるという試算さえある。精神的な損害も含めればますますその額は膨れ上がるだろう。花粉症ビジネスなるものが成り立っていることからしても、花粉症による経済損失の深刻さがよくわかる。

花粉症の例のように、ある経済主体の活動が、市場での取引を経由することなく（すなわち、当事者間の合意によることなく）他の経済主体の意思決定や効用に影響を与えることがある。これを**外部性**（externality）または**スピルオーバー効果**（spillover effect）と言う（なお、この意味での外部性は「技術的外部性」とも言う）。そのうち、他の経済主体にとって不利に働くものは負の外部性（外部不経済）、有利に働くものは正の外部性（外部経済）と呼ばれる。

どちらのタイプの外部性もいわゆる「市場の失敗」の原因とされており、均衡における資源配分が効率的でなくなるという問題を引き起こす。先ほどの例に即して述べると、スギやヒノキを供給する側は花粉症による社会的費用を十分に斟酌せず、自らにとっての費用（私的費用）に基づいて生産活動を行う。そのため、供給が最適な水準よりも過剰になる。

▼遍在する外部性

特に負の外部性の場合、それをどのように補正するかがしばしば検討課題とされる。法制度は、こうした外部性をいくらか抑えるように組み立てられていると言えよう。

誰にも不利益がもたらされないのであれば、各人は基本的には何をしても構わない。この考え方は、「他人を害しない限り、各人が自身に利益を与えることは禁じられない」という原則ないし法格言にも現れている。その一方で、外部性をもたらす行為は、不法行為法、刑事法、行政法、あるいは課税といった手段によって規制されることがある。

ただし、法制度によって規制されている（または規制できる）外部性はほんの一部にすぎない。外部性が存在する状況は、例外と言うよりは常態に近いのである。工場から出される煤煙や汚染物質、バイクや飛行機などの騒音、飲酒運転、喫煙による煙、新幹線で隣に座っている人が食べているものの匂い、伝染性の病気に罹患している人がもつ病原体……。こうした例が外部性の典型とされるが、実のところ、外部性がまったくない行為を探すほうが難しい。

私が飲食店の行列に並べば、それを見た通りすがりの人が「ここはたぶん良い店なのだろう、自分も試してみよう」と思うかもしれない。あるコンサートで誰かが拍手を始めれば、その音を聞いた人が「自分も拍手しなければ」という気になるかもしれない。また、私が懸賞に応募すれば、他の人たちの当選確率はわずかながら下がるかもしれない。これらの例ではすべて、ある人の活動が他者の意思決定や効用に影響を与えている。

もっと言うと、制度的なしくみを通じて外部性がわざわざ作り出される場合もある。たとえば、連帯責任をグループ全体に負わせるのは、あるメンバーの義務違反行為からマイナスの影響が他のメンバーにもたらされるようにするしくみである（具体例としては、江戸時代の五人組や十人組、あるいは各所で見られる連座制が挙げられる）。言い換えれば、グループの中で外部性を発生させ、累が及ぶのを嫌がる他のメンバーからのプレッシャーを利用して義務違反行為を抑止しようとするしくみである。このように、外部性は社会のあちこちで観察できる現象である。

世の中にある外部性をことごとく消し去るのは不可能である。そしてまた、外部性を消し去るのが効率性の面でいつでも望ましいわけでもない。けれども、外部性が深刻な結果を招くと考えられる場合は、やはり外部性への対応は必要になるだろう。放っておいても自然にルールや市場が形成されて外部性による非効率が自然に解消されるということもあるが、「上から」の政策や制度設計に解決を委ねなければならないこともある。

▼外部性への対応

外部性（技術的外部性）の概念の肝になっているのは、「取引を経由することなく」影響を与えている、という点である。他者に不利益を与えているとしても、不利益を受ける人の合意があり、対価がちゃんと支払われているのであれば、普通それは外部性とは呼ばれない（林二〇一三）。

一般に、意思決定を歪ませる詐欺や誤信といった事情がない限り、関係当事者は取引を通じてそれぞれ利益を得ることができる。逆に、もし取引がなければ、誰かにとって損になる結果が生ずる可能性が出てくることになる。したがって、事前に取引が行える状況では、できるだけ当事者間の自発的な交渉に任せるほうがよい（この点の詳細については⑭で述べる）。契約法が担当するのは主としてこのような領域である。

問題になるのは、（A）何らかの理由で事前に取引が行えない場合、そして、（B）取引が行える状況であるにもかかわらず、外部性の発生源になっている行為者が取引を行おうとしない場合である。これらの場合にとりうる対策には複数のものがあるが、「外部性による不利益を行為者が考慮して行動するよう仕向ける」（Aのケース）、「当事者間の取引を促進するためのインセンティブを付与する」（Bのケース）、「外部性を発生させる行為そのものを規制する」（A・Bのケース両方）という方法が代表的である。ここでは、一つ目の方法についてのみ説明を加えておこう。

外部性による不利益が行為者自身のコストになるようにすることを「外部性の内部化」と言う。内部化の手段にもいくつかのものがある。たとえば、イギリスの経済学者アーサー・ピグー（Arthur Pigou：1877–1959）は次のような税金を考案した。私的費用と社会的費用とが一致するだけの税金を行為者に課し、外部性をもたらす行為が社会的に過剰にならず最適な水準になるようにする。ガソリン税や渋滞税（コンジェスチョン・チャージ）はその例と言ってよいだろう。税がうまく作用すれば、車の運転による外部性をあたかも自らの費用・便益の計算の中で考慮しているかのように運転者は行動する。

不法行為に基づく損害賠償請求権も、外部性を内部化する手段の一つと位置づけることができる。不利益を受けている人に対して行為者が補償をしなければならないとすると、行為者はその金額を自己の計算に含めて行動を選択するはずである。

課税と不法行為法のどちらが非効率解消の手段として優れているかは、不利益の程度に関する情報を誰がもっているかに依存する。損害の大きさを公的機関が容易に判断できるときは課税でよい。他方、被害者である私人がより正確に損害の大きさを判断できるときは、不法行為法のほうが望ましくなりやすい。

▼正の外部性と「負の賠償責任」

外部性の議論においては、負の外部性に関心が集中しがちである。双子のもう片方である正の外部性は、どちらかと言えば影のような存在になっている。しかし、正の外部性も市場が失敗する原因であるとすれば、それに対処する手段が等閑視されるというのは奇妙にも思われる。正の外部性――援助・救助行動、公共財の提供など――を奨励するための手段はもっと注目されてよい。

実際、正の外部性に対処する法制度がまったくないわけではない。つまり、利益を受けた人（受益者）に対して、行為者（供益者）が利益の一部あるいは補償を求めることができる、という制度は現にある。たとえば、日本法で言うと事務管理がこれに該当しよう（民法六九七条以下。管理が本人の意思や利益に適合していることが要件と解されており、主に想定されているのは正の外部性が発生している場面である）。アメリカでは、原状回復（restitution）・不当利得（unjust enrichment）の文脈で散発的ながらも経済分析がなされてきた（Wittman 1984；Levmore 1985）。最近では、「負の賠償責任（negative liability）」の名のもとで、正の外部性をめぐる法制度の機能やあり方が論じられている（Dari-Mattiacci 2009）。

負の外部性を対象とする「正の賠償責任」制度（不法行為法）と比べて、正の外部性を対象とする「負の賠償責任」制度はあまり体系立っておらず、要件もいまひとつ明瞭ではない。それに、「負の賠償責任」が認められる範囲は「正の賠償責任」よりもかなり狭い。外部性の理論から考えると、この非対称はいささか不思議な感じもする。

非対称にはそれ相応の理由がある。たとえば、通常の「正の賠償責任」においては自分が受けた損害の大きさを立証することが要求されるのに対し、「負の賠償責任」では相手が受けた利益の大きさを立証しなければならなくなる。だが、そのような立証は困難なことが多く、適切な判断を裁判所が下せないおそれが出てくる。

とはいえ、両方に共通する構造もあり、ある程度はパラレルに捉えることができる。負の外部性の場合は「取引が容易に行える状況ではなるべく相手の合意を取り付けるべし、取引が難しい状況では賠償責任によって処理すべし」という指針が導かれうるが（Calabresi and Melamed 1972）、正の外部性の場合にも同じことが当てはまる。裁判例を見ると、事前の取引が簡単には行えなかった状況では事務管理の成立が肯定される傾向、取引が可能であった状況では否定される傾向があるように思われる（肯定例として名古屋高裁平成二〇年六月四日判決・判例時報二〇一一号一二〇頁、否定例として札幌地裁平成一三年四月一九日判決・判例時報一七五六号一二一頁など）。

必ずしも多くの興味をひかない法分野であっても、そのような観点から照らしてみると、他の法分野とのつながりが現れ、いつもとは異なる姿を見せてくれるかもしれない。

引用文献

・林貴志『ミクロ経済学〔増補版〕』（ミネルヴァ書房、二〇一三年）

・Donald Wittman, *Liability for Harm or Restitution for Benefit?* 13 J. Legal Stud. 57 (1984)

・Saul Levmore, *Explaining Restitution*, 71 Va. L. Rev. 65 (1985)

・Giuseppe Dari-Mattiacci, *Negative Liability*, 38 J. Legal Stud. 21 (2009)

・Guido Calabresi & A. Douglas Melamed, *Property Rules, Liability Rules, and Inalienability: One View of the Cathedral*, 85 Harv. L. Rev. 1089 (1972)

主要参考文献

・John McMillan, Reinventing the Bazaar, Norton (2002)〔瀧澤弘和＝木村友二訳『市場を創る』（NTT出版、二〇〇七年）〕

・Duncan J. Watts, Six Degrees, Norton (2003)〔辻竜平＝友知政樹訳『スモールワールド・ネットワーク』（阪急コミュニケーションズ、二〇〇四年）〕

⑫ ネットワーク

人々をつなぐ見えない糸

▼法的ルールの普及過程

アメリカ合衆国の多くの州で、製造物責任法は判例法として確立されている。製造物責任法の嚆矢と言われるのは、一九一六年のマクファーソン対ビュイック・モーター社事件判決(MacPherson v. Buick Motor Co.)である。

製造業者は小売店と違い、消費者と直接の契約関係にはない。マクファーソン事件判決までは、流通経路の川上にいるにすぎない製造業者は消費者に対して不法行為法上の責任を負わない、とされていた。これはプリヴィティ・ルール(privity rule:契約当事者関係の法理)と呼ばれ、原告にとっては重い足枷になっていた。

マクファーソン事件を担当したニューヨーク州最高裁判事のベンジャミン・カードーゾ(Benjamin Cardozo:1870–1938:のちに連邦最高裁判事)は、プリヴィティ・ルールの適用を除外する旨の判決を出す。そしてこれ以後、製造業者が消費者に対して責任を負う場面は徐々に拡大していく。カードーゾ判事が重視したのは、急速な工業化を背景とした社会生活の変化であった。法理そのものは同じであっても、社会が変われば適用範囲も変わる、というわけである。

時代が下って一九六三年になると、製造業者に厳格責任を課す判決がカリフォルニア州で現れる（Greenman v. Yuba Power Products, Inc.）。つまり、消費者は製造業者の過失を立証しなくても救済されるということであり、消費者に対する保護はより手厚くなった。ほどなくアメリカ法律協会（American Law Institute）が採択した「不法行為法第二次リステイトメント」（一九六五年）の402A条はこの厳格責任の法理を取り入れ、やがてほとんどの州の裁判所がこのルールを採用することになる（アメリカ合衆国の製造物責任法については、佐藤二〇一一を参照）。

さて、厳格製造物責任のルールはどのように全国へと広がっていったのだろうか。一九六三年から一九八七年までの時系列データを使って厳格製造物責任の普及過程を分析した最近の研究によれば、ある州の裁判所が厳格責任ルールを採用するか否かを決める際、強い影響力をもっていたのは「その州裁判所から見て身近な州裁判所の動向」であった（Bird and Smythe 2012）。ここでの「身近」とは、同じ巡回区に属していることを指す（アメリカ合衆国は全一二巡回区に分けられ、巡回区ごとに控訴裁判所が一つずつ設置されている）。言い換えると、関係の深い裁判所がどう判断したかを各裁判所は気にしている、ということである。

これに対して、厳格責任ルールの採否と、経済構造を示す変数（その州における工業の重要度）や政治状況を示す変数（共和党および民主党の支持率）との間には、統計的に有意な相関は見出されなかった。

たしかに初めの段階では、厳格責任ルールの採用も、社会の変化に対応した結果だったのかもしれない。しかしそこから先は、社会からの需要と言うよりは他の裁判所の出方に反応する形で、各裁判所が厳格責任ルールを次々と採用していくこととなった。裁判所間の「つながり」がルールの普及過程を媒介していたのである。

▼人々の間の影響関係

もちろん、他者の動きに左右されるのは裁判所だけではない。⑪で、私たちは至るところで他者の影響を受けながら暮らしている、と述べた。

まず、他者の意思決定を参考にして自分の意思決定を下すことがよくある（例・ある商品の質を人々の購買行動や評判から推測する）。あるいは、他者からの評価を気にかけたり、プレッシャーを感じたりしながら行動することもある（例・周りの期待に添うよう仕事する）。さらには、知らず知らずのうちに他者に影響されるというケースもある（例・あくびが伝染する、話し方や口癖が似てくる）。

これらのどの場合でも、とりわけ影響力をもちやすいのは自分の近くにいる他者であろう。個人の意思決定や行動が「自分を取り巻く他者」に影響されるという事実には、少なくとも二つの重要な含意がある。

一つ目は、個人の意思決定や行動は人々のつながり方――社会ネットワークの構造――に強く依存しうる、ということである。たとえば、同じ人であっても、人々が緊密に結びついているネットワークの中にいるときと、互いに疎遠で密度の低いネットワークの中にいるときとでは、行動は違ったものになるかもしれない。また、ネットワークの構造によって行動パターンの拡散のしかたは異なりうるが、そうだとすれば、個人の意思決定や行動はこの点でもネットワーク構造の影響を受けることになる。

二つ目は、個人レベルでの微小な変化が、社会レベルでの大きな変動を生み出す可能性がある、ということである。Aさんの行動がBさんに影響し、それがCさんやDさんにも影響する……という経過をたどった末に、全体的な状況ががらりと変わるかもしれない。消費者行動の大規模な変容も、初めは小さな変化から始まる。大きく異なるように見える社会現象であっても、真に異なっているのは、累積した些細な違いが閾値にたまたま到達したかどうかだけ、ということもある(Gladwell 2000)。

個人はつねに社会全体に対峙しているわけではなく、自分の周囲にある部分的な社会を主に念頭に置きながら意思決定を行っている。「周囲」と言っても、地域的・地理的なものに限られない。電話で連絡するだけの親戚・友人やインターネット上の他者なども含まれるし、ときには超自然的存在が入ってくることもあろう。

人々を取り巻くこうした意思決定環境はどのようにして概念化できるのか。そして、ローカルな意思決定環境で選択された行動は社会全体に何らかの影響を及ぼすのか、及ぼすとすればどのよう

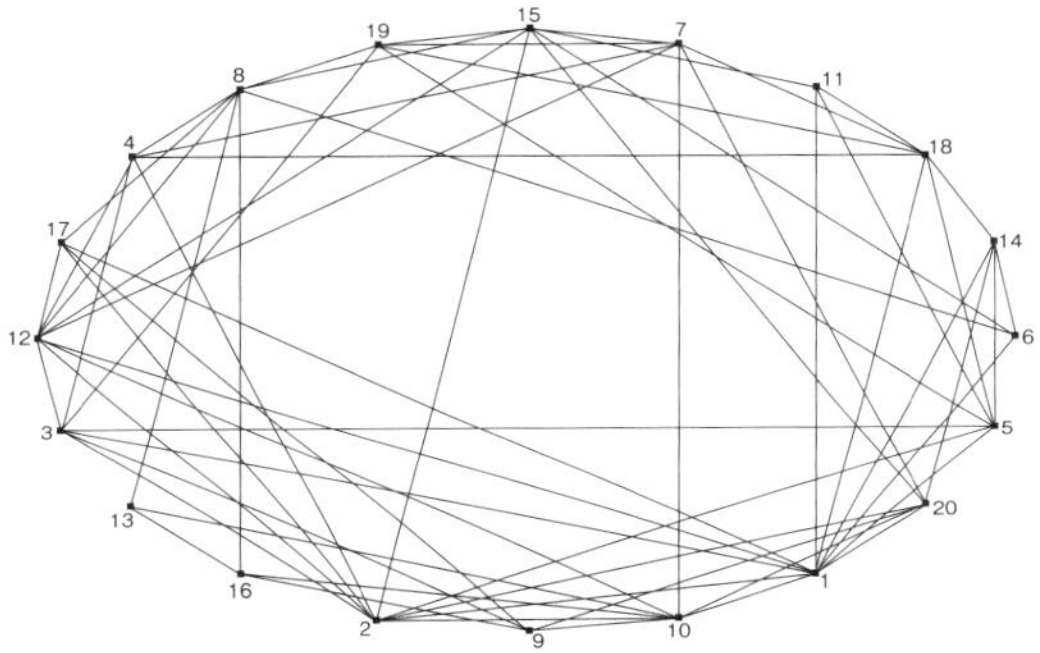

に及ぼすのか。そのような問題を検討するにあたっては、社会ネットワーク分析（social network analysis）の知見が手がかりを与えてくれることがある。

▼ネットワークの記述

ネットワークに関する研究は、社会科学と自然科学のそれぞれにルーツを有している。すなわち、社会学や組織論の分野で人々のつながり方とその集合的帰結が研究されてきた一方で、物理学や数学の分野ではネットワークの形成プロセスや数理的性質が探究されてきた。

近年になってこれらの分野は統合されてきており、各分野の研究者は成果を相互に参照している。それに加え、コンピュータによる高度な分析が行えるようになったことも手伝って、「ネットワーク科学」と称される新たな分野が一九九〇年代後半以降に飛躍的な発展を遂げた。

通例、ネットワークは点（ノード）と線（リンク）を使ったグラフによって表される。上のグラフは、二〇名からなる仮想的なクラスの友人関係を示したものである（NetDrawという描画ソフトで作成）。矢印形のリンクを用いれば、一方的な関係（XさんはYさんを友人だと思っているが、YさんはXさんを友人だと思っていない）を表すことが可能である。重みづけのための数値を各リンクに割り当てれば、関係の強度を表すこともできる。

リンクで表される「関係」の内容は、分析する人の定義次第である。友人関係、血縁関係、取引関係、組織内のつながり、情報伝達経路など、分析対象としたいものなら原理的にはどういうものでもグラフで表現できる。ただし、大多数のネットワークは目に見えるものではないから、可視化するにはそれなりの工夫が必要になってくる。

社会ネットワークのデータを収集するためによく使われてきたのは、質問票による調査である。対象者に「一緒に～をするのは誰ですか」「○○さんとはどのくらいの頻度で会いますか」というような質問をして、個人間のつながりに関するデータを集める方法である（詳細については、平松ほか二〇一〇）。

情報通信技術とデータ分析技術の発達に伴い、社会ネットワークを把握するための手段も増えてきている。EメールやSNSでのやりとりを追跡・記録することも、そこから得られる膨大なデータを解析することも、以前と比べて容易になってきた。言うまでもなく、観察されたデータがいかなる関係を反映しているのかは慎重に検討されなければならないが、こうした実態把握の努力を通してこそ、目に見えないものに対する私たちの理解は深まるのだろうと思う。

▼「つながり」と法

法とネットワークの関わり方は多様である。ネットワーク分析の応用可能性を示すために、ここでは三つの接点を挙げておこう。

(1) 社会ネットワークはたいてい自然に形成されるが、なかには制度によって形成される社会ネットワークもある。たとえば、家族法、会社法、労働法といった法律は集団や組織の内部関係を規律しており、いずれも社会ネットワークを形成する役割を実質的に担っている。また、人々の居住空間や地理的配置を規制する法的ルールも、社会ネットワークのあり方に多大な影響を及ぼしている。法は人々が社会ネットワークを作るのを支援する道具として（場合によっては、社会ネットワークを消し去る道具として）機能している。

(2) 権利・義務の関係（これも社会的関係の一種である）からなるネットワークというものを考えると、それは取りも直さず法制度が形成するネットワークだということになる。実は、冒頭に述べた製造物責任法はそのわかりやすい例となっている。プリヴィティ・ルールの適用を除外して製造業者に責任を課すことは、直接のリンク（社会的関係）がなかったところに新しくリンクを張ることに等しい。

ある特定の権利・義務関係のネットワークが時代によってどう変遷し、それが社会にどういう効果をもたらしたかを精査すれば、もしかすると興味深いことがわかるのかもしれない。

(3) ネットワーク分析の手法を使って判例引用の構造を解明しようとする研究も盛んに行われている。ある研究では、LexisNexis のデータに基づき、アメリカの州および連邦の裁判例四〇〇〇万件以上が全体としてどのようなネットワークを構成しているかが調べられている（Smith 2007）。そこでは、わずか約一〇〇〇件の裁判例（全体の約〇・〇二五パーセント）が被引用総数の約八〇パーセントを占めている、ということなどが明らかになっている。社会だけでなく、法自体もまた一つのネットワークなのである。

引用文献

・佐藤智晶『アメリカ製造物責任法』（弘文堂、二〇一一年）
・Robert C. Bird & Donald J. Smythe, *Social Network Analysis and the Diffusion of the Strict Liability Rule for Manufacturing Defects*, 1963-1987, 37 Law & Soc. Inquiry 565（2012）
・Malcolm Gladwell, The Tipping Point, Little, Brown and Company（2000）〔高橋啓訳『急に売れ始めるにはワケがある』〔ソフトバンククリエイティブ、二〇〇七年〕〕
・平松闊＝鵜飼孝造＝宮垣元＝星敦士『社会ネットワークのリサーチ・メソッド』（ミネル

ヴァ書房、二〇一〇年）

・Thomas A. Smith, *The Web of Law*, 44 San Diego L. Rev. 309（2007）

主要参考文献

・増田直紀『私たちはどうつながっているのか』（中央公論新社、二〇〇七年）

・Nicholas A. Christakis & James H. Fowler, Connected, Little, Brown and Company（2009）〔鬼澤忍訳『つながり』〔講談社、二〇一〇年〕〕

・飯田高「社会ネットワーク分析の『法と経済学』への示唆」新世代法政策学研究六号（二〇一〇年）三一三頁

13 市場

乱雑さの中の秩序

▼ウランバートルの両替商

モンゴル国は急速な経済発展を経験している最中であり（二〇一五年現在）、経済成長率が数年連続で一〇パーセントを超える時期もあった。モンゴルが社会主義経済から市場経済へ移行したのは一九九〇年代のことである。市場経済はモンゴル社会にじわじわと浸透し、特に二〇〇〇年代中盤以降、首都ウランバートル市内の街並みは一変した。

今でこそウランバートルには外資系のデパートやショッピングセンターが点在しているが、二〇〇一年時点では国営のデパートが一つあるだけだった。大通り沿いでも建物はまだまばらで、用途の定まっていない空き地はそこら中にあった。

そんな当時のウランバートル市内で、人通りの少ない路地の奥にある空き地に行った私は、ひときわ活気に満ちた「市場」を目にした。私が外国人、しかもドル札を所持している観光客だということがわかると、大勢の若い人が寄ってきて、一ドル△△トゥグリク（モンゴルの通貨単位）で替えるよ、とそれぞれ言ってくる。

彼らは外貨を扱う「両替商」で、その空き地は自生的な「外国為替市場」であった。決してシステム化された市場ではなく、見た目は単なる雑踏である。競り人や取引所などは存在せず、一対一の相対取引が寄り集まっている場にすぎない。しかしそれでも、市場としての機能はきちんと果たしている。

もし市場というものを見たことのない人がこの即席為替市場を見たとすれば、この社会は混乱に陥っているという印象を受けるだろう。「市場経済化とは、こういう人だかりがいろんな所に広がっていくことなのだろうか」。そう考える人は、自分たちの社会の行く末を案じて、市場経済化には反対するかもしれない。

各人が自分自身の利益のみを追い求めて行動すれば、社会や集団は早晩崩壊してしまうだろう――このような考え方は私たちの素朴な感覚に近いらしく、私たちは子供のころから同様のことを繰り返し教えられる。崩壊まではしなくとも、みんなにとって望ましくない事態を招来するおそれがある。

アメリカの経済学者ロバート・ハイルブローナー（Robert Heilbroner：1919-2005）は、中世の人々の生活が慣習と伝統に支配されていたことを事例によって示したうえで、次のように述べている。

「〔市場メカニズムは、〕中世の世界の人々にはまるでわからない代物だった。誰もが利得を求めてもよいという考えは、……〔中略〕……まったく冒瀆だとされていた。これがもっと進んで、利得を求めての一般的闘争が実は社会を結びつける力となるなどと考えようものなら、それこそ狂気の沙汰とされたことだろう。」（Heilbroner 1999〔訳四〇頁〕）

▼抽象概念としての市場

混沌の中にも何らかの法則がありそうだと勘づくことは、学問上、大きな跳躍を生み出す場合がある。具体的な市場（市場《いちば》または市）が現に実体としてあるものなのに対し、抽象的な概念としての市場（市場メカニズム）は発見されるべきものであった。その発見も相当に困難だったはずだが、市場が社会の役に立つということを人々に納得させるのはもっと困難だったに違いない。

経済学の標準的なテキストに出てくる「市場」は、「特定の財やサービスを交換する場」とされる。物理的な実体を伴っていなくても差し支えない。このシンプルで包括的な定義は、資源配分や価格形成に関する理論研究を行うために考案された、いわば純化された概念である。

この意味での市場を特徴づけているのは、各参加者の意思決定が自律的であるということである。つまり、交換を行うかどうかは各人が自分で決定でき、好まない取引なら拒んでよい。さらに、市場への参加者が多数いるということも、ときとして暗黙裡に仮定されている。

自分の好まない取引からは抜け出せて、参加者（＝潜在的な相手方）がたくさんいるのであれば、競争が促進される。たとえば、高値を吹っかけてくる売り手がいるとすると、合理的な買い手はその売り手との取引を避け、別のよりよい売り手を探すだろう。売り手は買い手にとって好ましい相手方であろうとし、買い手についてもまた同じことが言える。参加者間で競争が行われれば、市場における結果に対して個々の参加者が行使しうる影響力は小さく抑えられる。

理想的な市場では、誰かの指図がなくても、分権的な意思決定を通じて望ましい状態が実現される。市場が正常に機能する限りは、政府の介入は不要になる。ただし、安全で円滑な取引を可能にするルールはもちろん必要であるし、ルールを強制する特別な主体の力を仰がなければならないこともある。

個々の主体の自律性は、一定の条件が揃えば、市場そのものの自律性という帰結をもたらす。経済学はその条件や市場の作用を少しずつ解明してきたが、医学が人体の謎を解き尽くしているわけではないのと同じく（あるいはそれ以上に）、市場にまつわる謎は依然そこかしこに転がっている。

ともあれ、抽象概念としての「市場」は普通名詞としての地位をすでに得ており、私たちが社会を認識する際に用いる自然な枠組みにもなっている。法律の文言にも「市場」は頻繁に登場し、「市場原理」という言葉を法文中に含む法律も三つある（二〇一五年一一月現在。ちなみにその三つとは、エネルギー政策基本法、中央省庁等改革基本法、財政構造改革の推進に関する特別措置法である）。

▼市場のもつ多様な顔

抽象概念としての市場は、現実の市場がもっている性質の一部を切り取ってきたものであった。

ところが、いったんその抽象概念が定着すると、今度は抽象概念を体現する市場が現実に整備されることになった。証券市場や予測市場がその例で、現代の経済においてはこのような綿密に設計された市場の重要性が高まっている。

この種の組織化された市場では、参加資格、取引の対象や条件、責任の範囲といった細かいルールがあらかじめ設定されており、法によるコントロールも概ね行き届いている。こうした市場の比重が大きくなっていくにつれて、法制度はもはや市場を支える裏方に徹することだけに甘んじず、観客から見える黒子ぐらいにはなってきた。

とはいえ、自然発生的な市場から整備された市場への傾斜が話のすべてではない。元来、現実の市場には資源配分や価格形成以外の機能がある。なかでも、市場は人々の接触の場を提供して社会ネットワークを形成・維持するという機能をずっと果たしてきた（武田二〇〇八）。たとえば、祭や儀礼に類似した役割（多くの定期市は、祭祀の色合いを帯びた民俗慣行である）や、情報や知識を伝達する役割（かつての行商人はニュースの提供者であった）などを市場は受けもっていた。

社会学では、市場は社会構造に埋め込まれて存立しており、経済学で想定されがちな抽象的・理想的な市場は存在しない、という点がつとに指摘されている（Granovetter 1985）。市場はばらばらの主体から成り立っているわけではなく、取引関係や情報伝達経路は既存の社会的関係によって規定されているのが普通である。

一例を挙げると、現実の社会では、評判や身元がわかっている個人や企業との取引が好まれやすい。取引はもともと存在する社会ネットワークに沿って行われる傾向があり、市場経済の言葉からイメージされるほど実際の市場はオープンでもない。証券市場も例外ではなく、株式市場への参加度合いは大手企業に対する信頼度に依存している、という研究もある（Guiso *et al.* 2008）。

市場が社会構造に埋め込まれているからこそ、市場はさまざまな機能を担うことができる。そしてまた、市場がさまざまな機能をもっていて生活と密接に関わってきたからこそ、市場メカニズムや市場原理の考え方がいろいろな場所に飛び火していけたのかもしれない。仮に市場が純粋に資源配分や価格形成の機能しか担っていなかったとすれば、市場の考え方が社会の諸領域に染みわたっていくのはかえって難しかっただろう。

▼市場の心理的基盤

現代の市場が扱う財やサービスは多岐にわたる。教育サービス、廃棄物、命名権、さらには戸籍、臓器、子供など、以前はおそらく予期されていなかったであろうもの（物または者）までもが市場で取引されている。

その一方で、市場に対して嫌悪感が示されることも多々ある。今挙げた例の中でも、臓器や子供を取引することについては嫌がる人がほとんどだろう。人々は、金銭的な取引が許される領域とそうでない領域に切り分けて考えているのである。

アメリカの人類学者アラン・フィスク（Alan Fiske）は、エスノグラフィーを幅広く渉猟し、社会生活における人間のやりとりのパターンを以下の四つに分けている（Fiske 1991）。

(1)　共同分配関係（Communal Sharing：CS）：誰が何を獲得してきたかは不問にして、物を平等に分配する。個人ではなく集団全体がその物を保有している、という認識が背景にある。狩猟採集民族、宗教団体、家族などが例で、このような関係では資源は共有されるべきものとされる。

(2)　権威序列関係（Authority Ranking：AR）：ヒエラルヒーで優位な立場にある人が、自分の欲する物を劣位の人から譲り受けることができる。(1)や(3)と違い、当事者の関係は非対称的である。農耕民族、官僚システム、組織内部が例として挙げられる。

(3)　均等調和関係（Equality Matching：EM）：各個人は、他者に与えた分だけお返しを受ける。足し算や引き算によって貸し借りが計算され、均等になると満足が得られる。初期の交換経済のように、同種の物や類似性が高い物同士がやりとりされる。

(4)　市場価格関係（Market Pricing：MP）：現代の市場経済の基盤となっている関係で、やりとりに関連する要素が単一の数値に還元される（よって比較可能性が増す）。(3)のEMの世界は足し算と引き算だけだが、このMPの世界では掛け算・割り算にも意味がある。すなわち、割合やレートがこの関係を媒介している。

この四種類のモデルが社会の中で担当する領域は規範としてだいたい決まっているので、適用されるべきモデルを誤るとルール違反と判断される。たとえば、好意でお裾分けをするという行為（CSまたはEM）に対してお金で借りを返す（MP）のは失礼にあたるだろう。

ところで、訴訟は損害賠償請求という形をとるのが通常である。したがって、もめごとを訴訟で解決しようとするのは、当事者間のやりとりをMPのモデルに乗せることにつながる。隣人訴訟（津地裁昭和五八年二月二五日判決・判例時報一〇八三号一二五頁）への人々の反応は、もしかするとこの観点からも説明できるのかもしれない……と私は思っているが、さしあたっては、私たちが複数の世界に暮らしているという点に言及できれば十分である。

Column(3)　隣人訴訟

一九七七（昭和五二）年五月八日、三重県鈴鹿市に住んでいたX夫妻の子Aが池で溺死した。この出来事は、買い物に出かけたX夫妻がY夫妻のもとにAを「預けた」（この点に関しては争いあり）ときに起こった。AはY夫妻の子Bと一緒に池で遊んでいるうちに溺れたのである。

X夫妻は、同年、Y夫妻や国・鈴鹿市などを相手取って損害賠償請求の訴えを提起した。一九八三（昭和五八）年に津地方裁判所による判決が出るが、この事件の場合はその後の経過が特異であった。

地裁判決は、Y夫妻に五〇〇万円余の損害賠償を命じる内容だった。これをテレビや新聞が大々的に、そしてその多くは批判的な論調で報道した。するとX夫妻に対して非難の電話や手紙が相次ぎ、さらには嫌がらせや脅迫もあったため、X夫妻は転居および訴えの取下げを余儀なくされてしまう。その後、控訴審で争うつもりのY夫妻が訴えの取下げに同意しないことが報道されると、今度は非難の矛先がY夫妻に向き、Y夫妻も訴訟の続行を断念せざるを得なくなった。ついには事態を収拾するべく法務省が見解を発表するまでに至る。

このときの人々の反応は、日本の法と社会の実態を考えるための題材となってきた（当事者には本当に気の毒であるが）。過剰な反応をした人たちの行動のみから日本人一般について判断を下すことは控えるべきだろうが、法による解決を近所づきあいの中に持ち込むことへの抵抗感を知るうえで参考になる事件である。

引用文献

・Robert L. Heilbroner, The Worldly Philosophers, 7th ed., Touchstone（1999）〔八木甫ほか訳『入門経済思想史　世俗の思想家たち』（筑摩書房、二〇〇一年）〕
・武田晴人『日本人の経済観念』（岩波書店、二〇〇八年）
・Mark S. Granovetter, *Economic Action and Social Structure: The Problem of Embeddedness*, 91 Am. J. Sociol. 481（1985）
・Luigi Guiso, Paola Sapienza & Luigi Zingales, *Trusting the Stock Market*, 63 J. Finance 2557（2008）
・Alan P. Fiske, Structures of Social Life, Free Press（1991）

主要参考文献

・John McMillan, Reinventing the Bazaar, Norton（2002）〔瀧澤弘和＝木村友二訳『市場を創る』（NTT出版、二〇〇七年）〕

・Richard Swedberg, Principles of Economic Sociology, Princeton University Press（2003）

・Dan Ariely, Predictably Irrational, HarperCollins（2008）〔熊谷淳子訳『予想どおりに不合理』（早川書房、二〇〇八年）〕

14 コースの定理

法は取引のはじまり

▼外部性再び

老舗の菓子屋の隣に、ある医者が引っ越してきた。この菓子屋は、菓子の材料をつぶすための機械を厨房で長年使っていた。かなりの音を立てる機械だったが、医者の家との間には庭があったので、しばらくは大きな問題が起きることはなかった。問題が起きたのは、引っ越しから約八年経ち、医者が自分の庭の一角に新しく小屋を造ったときである。医者はその小屋を診察室として使用し始めた。

この診察室は、菓子屋の厨房からすぐ近くの場所にあった。菓子屋の機械が発する騒音や振動が原因で、医者は思うように診察ができない。特に聴診ができなくなり、業務に支障が出てきてしまった。そこで医者は、機械使用の差止めを求める訴えを提起した。

裁判所は差止めを認める判決を出し、原告を勝たせた。被告の菓子屋は「この機械は同じ場所で何十年も使い続けているものである。そもそも診察室をそんな場所に設けなければ、損害は防げたはずだ」という趣旨の反論を行ったが、裁判所には受け入れられなかった。

たしかに、損害の発生源となっている行為をしているのは菓子屋だから、差止めの判決もさほど奇異ではない。しかし、この事例では医者が後からやってきて、わざわざ菓子屋からの騒音を受けやすい位置に診察室を設けている。それなのに責任を負わされるのでは、菓子屋が少しかわいそうな気もする。

判決の中で、裁判所は次のように述べている。「当裁判所の判断の基礎となっている原則を厳格に遂行しようとすると、個々のケースにおいて困難が出てくるかもしれない。けれども、その原則を否定してしまえば、より多くの困難が個々のケースにもたらされるであろうし、同時に、居住目的の土地の開発に悪影響を与えることにもなろう」。

以上はイギリスの古い判例（Sturges v. Bridgman（1879）LR 11 Ch D 852）である。この事例は「負の外部性」の例、すなわち、ある人の活動が市場取引を経由せずにマイナスの影響を他者に及ぼしている例となっている（外部性については⑪を参照）。

イギリス出身の経済学者ロナルド・コース（Ronald Coase：1910–2013）は、この事件をまず「連邦通信委員会」（Coase 1959）という論文で取り上げ、次いで「社会的費用の問題」（Coase 1960）でさらなる検討と批判を加えている。後者の論文は絶大なインパクトを学界に与え、記念碑的論文として記憶されることになる（なお、本人は名前を「コウズ」と発音していたようだが、英語圏の人たちの間でも発音のしかたが分かれている。日本では「コース」が定着した感があるので、本書ではそのように表記する)。

外部性の「相互的性質」

Aさんの行為がBさんに損害をもたらしているとしよう。こうした場面でよく立てられる問いは、「Aさんの有害な行為をどのように制約するか」であろう。冒頭の事件を担当した裁判所もその例に漏れず、菓子屋の行為を制約する方針をとっていた。

コースはこのような問いの立て方を批判している。損害は複数の人がいてはじめて発生する。医者が引っ越してこなければ騒音の害はなかったのであり、その意味で外部性の問題には「相互的性質(reciprocal nature)」があると言える。それゆえ、一方が加害者で他方が被害者という図式で捉えるだけでは、適切な解決策は見えてこないことがある。

別の例で考えてみよう。牧場主であるAさんの隣に農場主のBさんが住んでいて、Bさんは自分の農地で作物を育てている。年に数回、Aさんの所有する牛がBさんの農地に迷い込んで作物を荒らしてしまうことがあり、Bさんは年間五〇万円の損害を受けているとする。

牛を飼っているAさんが責任を負うべきだ、と考えられるかもしれない。だが、もしBさんのほうにも損害を防止する有効な手立てがあるとすれば、いったいどちらに責任を負わせるのがよいだろうか。あるいは、農業により適した土地が他にいくらでもあるとすればどうか。Bさんに責任を負わせ、作物は自分で守らせるべきだという考え方もありうる。

Bさんへの損害を避けることは、Aさんが損害を受けることである。したがって、立てるべき問いは「AさんがBさんに損害を与える権利を認めるか、それとも、BさんがAさんに損害を与える権利を認めるか」なのである。

さて、ここで次の仮定を置く。損害を防ぐための柵をAさんの牧場の周りに作ると、一年あたり二〇万円の費用がかかる。それに対し、柵をBさんの農地の周りに作ると、一年あたり一〇万円の費用がかかる（これが最も安価な損害防止策だとする）。いずれかが柵を設ければ、作物への損害は完全に防げる、としておこう。

さらに、両当事者はまったく費用をかけずに自由に交渉ないし取引を行うことができる、と仮定する。こうした仮定のもとでコースが導き出したのは、「どちらに権利を認めても、結局は最も効率的な結果に落ち着く」という結論である。

牧場主のAさんに権利を与える（＝損害賠償請求権や差止請求権をBさんに認めない）ルールになっているとしよう。Bさんにとっては、年間五〇万円分の損害を受けるよりは、一〇万円で柵を作って牛の侵入を防ぐほうがよい。

逆に、農場主のBさんに権利を与える（＝損害賠償請求権や差止請求権をBさんに認める）ルールになっている場合、右と同様に考えれば、Aさんが二〇万円で柵を作るという結果になりそうである。だが、もっとよい方法がある。自分の牧場に柵を作るよりも、Bさんと取引を行い、たとえば一五万円を支払って農地に柵を作ってもらうほうがAさんにとって得である。Bさんにとっても五万円分（Aさんからの支払額一五万円－設置費用一〇万円）有利になるので、Bさんは承諾してくれるだろう。支払額は一〇万円から二〇万円の間になり、どの金額が選ばれるかは当事者の交渉力次第となる。

▼「定理」とその成立条件

市場取引にかかる費用がゼロであれば、どのみち柵が農地に作られるという結果になる。そこでは最小の費用で損害を回避する方法が採用されており、牛の飼育による社会的利益が小さすぎない限り、効率的な結果だと判断されよう（もっとも、誰が費用を負担するかは異なる）。

これは**コースの定理**（Coase theorem）と呼ばれ、一般には次のように定式化される。「取引費用が十分に小さいとき、権利の境界や所在が明確で、約束が強制されるのであれば、法的ルールが権利をどのように割り当てるとしても、最終的な資源配分は変わらない（当事者の私的な取引を通じて、最も効率的な結果が達成される）」。**取引費用**とは取引を行う際に生じる費用の総称であり、取引の相手方を探す費用、交渉の実施や合意書作成の費用、履行の監視や違反に対する制裁の費用、戦略的行動に伴う費用などが含まれる。

菓子屋と医者の事件では、医者に権利が割り当てられていた。しかし、機械使用による損失を上回る金額を菓子屋が医者に支払っていれば、医者は権利を行使しないであろう。そのような支払いが可能なのは、菓子屋が機械使用によって得られる利益が医者の損失よりも大きい場合である。両者の合意によって菓子屋は操業を続けることができ、医者も損失を補塡できる以上の金額を受け取れるので、お互いに利益となる。

とは言っても、効率性が私的な取引によって達成されるための条件は厳しい。権利の境界と所在が明確で、交渉に必要な情報が共有され、合意内容を実効化できるしくみが整えられており、しかも取引費用が十分に小さくなければならない。

コース自身、取引費用がかからないという仮定は「たいへんに非現実的」だと述べている。むしろ大事なのは取引費用が大きくて交渉ができない状況であり、コースが論文の主題にしようとしていたのもこういう状況であった。

取引費用が大きければ、権利の割り当て方によって資源配分および効率性は変わってくる。先の迷い牛の例では、当事者の交渉が阻害されるくらい取引費用が大きいとすると、Aさんに権利を与えるルールのほうが望ましくなる（損害回避の費用が安くなる）。このように、法的ルールをどのように定めるかは非常に重要になってくる。

コースの主張によれば、伝統的な経済理論は、取引費用にあまり目を配らなかったために法的ルールと経済的帰結との連関を見落とし、外部性の問題を適切に扱えていなかった。一方、裁判所は経済的帰結に配慮しようとしてはいたが、厳密さに欠けることがあった。社会制度の良し悪しを判断するにあたってはそれぞれの制度のもとで創出される価値の総量を比較すべきであり、制度が社会の各所でもたらす隠れたコストを見定めなければならない。これが彼の主張の眼目であった（だから論文のタイトルが「社会的費用の問題」なのである）。

▼取引の対象としての権利

コースの論文には幾とおりかの解釈がある。巷間流布している「定理」も、コースが定式化したものではない。「定理」は論文から独り立ちし、何十年にもわたって議論の材料を数多く提供してきた。たとえば、取引費用がないときに資源配分は不変であると本当に言えるのか、定理が述べていることは単なるトートロジーではないのか、実際に当事者は交渉を円滑に進めて効率的な状態に到達できるのか（Cooter 1982；Kahneman *et al.* 1990）、などである。

ただ、これらの議論の当否がどうであれ、コースの法制度の捉え方が啓発的であったということに関しては、おそらく異論はないだろう。コースが論文の中で描いているような取引は、立法府や裁判所が誰に権利を割り当てるかを決定した後に行われる。言い換えると、コースにとって、立法や判決による権利の設定は終局的なものではなく、私的交渉の出発点にすぎないということになる。

権利を設定することは、ある人に利益を与えるとともに、別の人に損失を与えることでもある。しかし、権利が存在しなければ取引のしようがない（つまり、法律の存在自体も取引費用を小さくしている）。そして、最適な資源配分を実現して社会的価値を最大化することもできなくなる。権利の範囲を画定して取引のための土俵を整備し、関係者間の合意を促して社会的価値の最大化を図ること、この点に法制度の大きな意義が見出されている。

二〇一三年九月、コースは一〇二歳の生涯を閉じた。*Journal of Law and Economics* 誌は彼を追悼し、「連邦通信委員会」と「社会的費用の問題」の二論文を再び掲載している（五六巻四号）。コースの定理は、少なくとも簡略化された命題を見る限りでは、現実からかけ離れた状況を扱っているようにも思える。だが、コースは決して空想の世界で理論を弄んでいたのではなく、目の前にあるきわめて実践的な課題と向き合っていた。両論文からはそれが強く伝わってくる。

Column(4) ロナルド・コースの学術的貢献

ロナルド・コースは一九一〇年にイギリスで生まれ、一九五一年以降はアメリカ合衆国で活躍した。一九六四年以降はずっとシカゴ大学に所属しているので、五〇年近くも同大学にいたことになる。

コースが書いた論文のうち、二本の論文は学問分野を新規に開拓することになった（かつ、ノーベル経済学賞の授賞理由とされた）。一つ目は一九三七年に著された「企業の本質（*The Nature of the Firm*）」、そして二つ目が本文中で紹介した「社会的費用の問題」（一九六〇年）である。

「企業の本質」が提起したのは、「なぜ企業という組織が存在するのか」という問いであった。資源配分が価格を通じて完璧に調整されているのであれば――財やサービスに関する情報が完全に知られ、将来についての不確実性がなく、ありうる事態をすべて想定した契約を結ぶことができれば――、何も企業組織に頼る必要はない。

コースの回答は、企業の存在理由は取引費用の節減にある、というものであった。もし契約の締結・変更・強制などにコストがかかるならば（実際はそうである）、市場取引ではなく企業内部での取引という手段を用いるほうが効率的になる場合が出てくる。

　これは企業の概念を大きく転換する考え方だった。標準的な経済分析においては、企業は市場でのプレーヤーにすぎないが、企業自体も一種の資源配分のためのメカニズムだということになる。

　二つの論文は取引費用の重視という共通項をもっており、標準的な理論では説明の難しい「現に存在する制度」を研究する新たな切り口を提示した、と言える。

引用文献

・Ronald H. Coase, *The Federal Communications Commission*, 2 J. L. & ECON. 1（1959）
・Ronald H. Coase, *The Problem of Social Cost*, 3 J. L. & ECON. 1（1960）
・Robert Cooter, *The Cost of Coase*, 11 J. LEGAL STUD. 1（1982）〔太田勝造編訳『法と経済学の考え方』〔木鐸社、一九九七年〕所収〕
・Daniel Kahneman, Jack L. Knetsch & Richard H. Thaler, *Experimental Tests of the Endowment Effect and the Coase Theorem*, 98 J. POLIT. ECON. 1325（1990）

主要参考文献

・RONALD H. COASE, THE FIRM, THE MARKET, AND THE LAW, University of Chicago Press（1988）〔宮沢健一ほか訳『企業・市場・法』〔東洋経済新報社、一九九二年〕〕

・Steven Shavell, Foundations of Economic Analysis of Law, Belknap Press of Harvard University Press（2004）〔田中亘＝飯田高訳『法と経済学』（日本経済新聞出版社、二〇一〇年）〕
・安藤至大『ミクロ経済学の第一歩』（有斐閣、二〇一三年）

⑮ カスケード現象

行動選択の連鎖反応

▼一二人もいらない？

アメリカ合衆国憲法の第六修正および第七修正は、陪審による裁判を受ける権利を保障している。第六修正は刑事裁判について「被告人は、……公平な陪審によって行われる、迅速で公開の裁判を受け……る権利を有する」と定め、第七修正のほうは（コモン・ロー上の）民事裁判について「訴額が二〇ドルを超えるときは、陪審審理を受ける権利が認められる」と定めている。

憲法は陪審員の人数には言及していない。けれども、一二人で構成されるというのが昔からの習いであり、人々も陪審とはそういうものだと思ってきた。一説によると、「一二」という人数の起源は、九世紀のフランク王国の制度にまで遡る。その制度がイングランドに渡り、一四世紀ごろには一二人からなる陪審が一般的になっていたという。

では、一二人に満たない陪審は憲法に反するのだろうか。かつては、連邦最高裁も「陪審は一二人からなり、それより多くても少なくてもいけない」と考えていた（Thompson v. Utah, 170 U.S. 343 (1898)）。しかし、一九七〇年のWilliams v. Florida事件（399 U.S. 78）では判例が変更され、六人制の刑事陪審が合憲と判断されている。「一二」は歴史的な偶然にすぎず、社会のメンバーを代表するという性質が損なわれていなければ問題はない、との見解であった。その三年後には、民事陪審でも六人制が合憲とされるようになった（Colgrove v. Battin, 413 U.S. 149 (1973)）。

二〇一二年現在、刑事裁判で一二人未満の陪審を認めている州は四〇州ある。そのうち一一州は、重罪事件においても一二人未満の陪審を部分的に許容している（この点はLuppi and Parisi 2013参照。なお、下限については、一九七八年のBallew v. Georgia事件判決（435 U.S. 223）で「六人以上は必要」とされている）。

陪審員の人数を少なくすれば、評決不成立（hung jury）の割合を減らすことができるように思える。陪審の評決は全員一致によることが原則とされているから、奇特な意見をもつ人が一人でも含まれていると評決が成立しなくなってしまうかもしれない。陪審員の人数が減れば、よりスムーズに評決へと至り、審理にかかるコストを削減できるようになる――実際、これは一二人未満の陪審を認めることのメリットの一つと考えられている。

果たして本当に評決不成立の率が減るのか。この点に関してはいくつもの実証研究がなされてきたが、だいたいのところ「陪審員の人数を六人に減らしても、評決不成立の率はさほど減らない」という結論になっているように見える（初期の研究の概観として、Saks and Marti 1997）。陪審員の人数を削ると評決不成立の率はかえって増えるという研究結果もあるほどで、この現象は「評決不成立のパラドックス」と呼ばれることがある（Luppi and Parisi 2013）。

▼意思決定の「伝染」

人数が増えても、全員の意見が一致する頻度が低くなるとは限らない。少人数の会議と大人数の会議を比べてみても、前者のほうが意見を集約しやすいとは必ずしも言えず、大人数であるにもかかわらず意外にすんなりと意見がまとまる、というケースはよくある。

なぜこのような「パラドックス」が発生するのだろうか。これにはいくつかの説明が考えられるだろう。たとえば、大人数の前では自分の意見、特に他の人たちとは異なる意見は表明しにくい。日常経験や心理学実験が示すように、自分自身の意見を強く抱いているときでさえ、異なる意見をもつ大勢の人々に立ち向かうのには結構な労力を要する。

それとは別の説明のしかたもある。周囲の人たちの意見や行動を参照し、それを意思決定にあたっての判断材料にする、というのは合理的な選択でありうる（⑪・⑫も参照）。なかでも、意思決定に必要な情報が欠如している状況や情報収集のコストが大きい状況では、こうした方法がとられやすくなる。

ある陪審が、被告人が有罪か無罪かをめぐって討議しているとしよう。各陪審員は、自分なりの意見をもってはいるが、他の陪審員たちの判断も参考にして自分の判断を下す。ここでのポイントは、各陪審員が自分の判断を一斉に表明するのではなく、順次表明していく、という点である。

陪審員Aが「僕は有罪だと思う」と発言したとする。陪審員Bは五分五分かなと考えていたが、ともかくどちらかに決めなければならないので、「有罪」と言った。陪審員Cは「無罪」、陪審員Dは「有罪」と判断した。陪審員Eは迷っていたが、前の四人のうち三人までが「有罪」と言っているため、それに従った。

陪審員Cは、いったん「無罪」と判断したものの、続々と出てくる「有罪」という言葉を聞いて、自分の判断はもしかすると誤っているのではないかと思うようになった。よく考えてみれば、特段の論拠もない気がする。そう思い始めたCが「有罪」の立場を表明すると、「有罪」派がまた一人増えることになり、そのこと自体がさらに他の陪審員を動かすかもしれない。

以上の過程を数理的に描写しているのが、スシル・ビクチャンダニ（Sushil Bikhchandani）らによる**情報カスケード**（**informational cascades**）のモデルである（Bikhchandani *et al.* 1992）。このモデルでは、人々は自分の保有する私的情報だけでなく他者の選択をも考慮して意思決定を行う。ちなみに、「カスケード」とは階段状に連なる滝のことで、意見や行動が次々に「伝染」していくさまを比喩的に表した用語である（「群集行動（herding）」とも言う）。

最近になって、評決不成立のパラドックスの一因はこの情報カスケードにある、との指摘がなされている（Luppi and Parisi 2013）。つまり、陪審の増員には全員一致の確率を引き下げる効果があるけれども、情報カスケードが一定程度生じている場合には、情報カスケードの存在（これは全員一致の確率を引き上げる）がその効果を相殺する、というわけである。

▼カスケードの諸相

カスケードのモデルは抽象度が高く、さまざまな社会現象をカスケードの観点から捉えることができる。たとえば、特定の行動様式の拡散、人気のある株への投資の集中、素性のわからないコンピュータ・ソフトの普及、といった例が挙げられよう。

ビクチャンダニらのモデルは情報不足に起因するカスケードに照準を合わせているが、カスケード現象の要因となりうるものは他にもある。情報カスケードの場合、人々が他者の行動に従う理由は「当該行動が適切と思えるから」であった。それに対し、「他者からの評価が気になるから」当該行動に従う、ということもある。前述のように、多数の人がいる前ではそうした圧力が働きやすくなるので、従う人の数が増えれば増えるほど、異なる行動はとりづらくなっていくだろう。この場合も、情報カスケードのときと同様に、人々の意見や行動がある方向へと収斂していくと予測される。これは**評判カスケード**（reputational cascades）と呼ばれている（Kuran 1998）。

それらに加えて、**利用可能性カスケード**（availability cascades）という現象もある（Kuran and Sunstein 1999）。記憶に残りやすい出来事（飛行機の墜落事故、大規模な災害など）が起こった直後は、同種の出来事の発生頻度は過大に見積もられがちである。すると、その出来事に関連する事柄が話題になりやすくなったり、目につきやすくなったりするかもしれない。そうなればますます想起が容易になり、人々は出来事の発生頻度を高く見誤ったまま生活を続けることになる。

もちろん、カスケードが正しい判断を導いてくれることもある。だが、今挙げた例にも見られるとおり、大した根拠もないのに人々の意見や行動が同一の方向になびいていく、ということもまたありうる。

誤ったカスケードが生じると、条件によっては私たちに大きな損害をもたらすおそれがある。おそらく、そのような危険性は古くから認識されていたのだろう。カスケードを阻止する機能をもつと考えられる制度は、昔も現在も広く観察できる。たとえば、正確な情報の提供、秘密投票方式の採用、株価の値幅制限の設定、メンバーの多様性の確保、発言させる順番に関するルールなどがある。イザヤ・ベンダサン（山本七平）は、著書『日本人とユダヤ人』の中で、ユダヤの国会兼最高裁判所であったサンヘドリンには「全員一致の審決は無効」という規定があった、と述べている（全員一致で死刑判決を出す場合に適用される規定らしい）。みんなの意見が一致するようなときには、何かおかしな力が作用しているおそれがある、ということを認識させてくれる点で有益な話だと言えよう。

▼競争的市場との対比

カスケードのモデルは、いわゆる新古典派経済学が想定する競争的市場のモデルとはまるで違ったインプリケーションを与えることになる。競争的市場のモデルによれば、個々のメンバーが断片的で不完全な知識や情報しかもっていなくても、分権化された意思決定を通じて望ましい状態が達成される。

一方、カスケードのモデルが示すところによれば、メンバーの相互参照によって知識や情報の不完全さが増幅・維持され、望ましくない状態に陥ってしまう、という場合がありうる（もっとも、望ましくない方向へのカスケードがどのくらいの確率で生じるかについては諸説ある）。

どちらのモデルも、各メンバーのもつ知識や情報が十分ではないという前提は共有している。しかし、おのおのから導かれる結論は真逆になる可能性がある。したがって、問題となっている場面を記述する際、いずれのモデルがより適切であるかについてはよくよく注意すべきである。

市場が理想的な働きをしてくれるのなら、時間の経過とともに「悪い」ものが淘汰され、「良い」ものが生き残る。この考え方を思想に当てはめているのが「思想の自由市場」論であり、判例法に当てはめているのが「効率的なコモン・ロー」仮説である（ついでに書いておくと、これと似た考え方を法律家や法科大学院に当てはめていたのが現行の法曹養成制度ということになるのだろう）。

思想にせよ裁判所の判決傾向にせよ、市場というよりはカスケードに近い側面があるように思える。たとえば、一二人未満で構成される陪審を認める――評決不成立の率は変わらないのに――という動きも、一種のカスケードを形成していると言ってよい（なお、⑫で触れた厳格製造物責任ルールの普及過程も参照）。

現代社会において、市場の力を軽んじることはできない。他面、市場というものは概してそこまで堅牢でもない。たとえ競争的市場のモデルが妥当であるとしても、いつの間にか市場がカスケード現象に飲み込まれてモデルの妥当性が損なわれている、ということもあろう。

Column(5)　情報的影響と規範的影響

自分の行動を他者のそれに合わせようとする（同調しようとする）人間の心理は、カスケード現象のもととなる。他者の行動に合わせるいろいろな動機のうち、本文中では二種類の動機に言及している。一つは「適切な行動をとりたい」「正しくありたい」という動機に基づく影響（不確実な状況下にある人が適切な行動を探す際に他者の行動を参考にする、という場合）、もう一つは「他の人たちからの評価を維持したい」「嫌われたくない」という動機に基づく影響（自分だけ変な行動をとらないよう他者の行動に合わせる、という場合）である。

社会心理学における古典的な分類法では、前者は「情報的影響（informational influence）」、後者は「規範的影響（normative influence）」と名づけられている（Deutsch and Gerard 1955）。

この分類法に従えば、情報カスケードの原因になっているのは情報的影響、評判カスケードの原因になっているのは規範的影響だということになる。

どちらの影響であれ、人々がお互いの行動に合わせようとすると、社会的乗数（social multiplier）効果と呼ばれるものが生ずることがある（社会的乗数についてはたとえば Becker and Murphy 2001 を参照）。つまり、個人の行動がお互いにシナジーを生み、帰結たる社会状態に与えうる影響が増幅される、という効果である。カスケード現象はその極端な例と言えよう。

社会的乗数という視点は、社会現象は個人の行動の単なる総和ではないという点を明らかにするだけでなく、どのような過程を経て社会現象が個人の行動の総和から乖離するのかを明瞭な形で認識させてくれる。

引用文献

・Barbara Luppi & Francesco Parisi, *Jury Size and the Hung-Jury Paradox*, 42 J. LEGAL STUD. 399（2013）

・Michael J. Saks & Mollie Weighner Marti, *A Meta-Analysis of the Effects of Jury Size*, 21 LAW & HUM. BEHAV. 451（1997）

・Sushil Bikhchandani, David Hirshleifer & Ivo Welch, *A Theory of Fads, Fashion, Custom, and Cultural Change as Informational Cascades*, 100 J. POLIT. ECON. 992（1992）

・Timur Kuran, *Ethnic Norms and their Transformation through Reputational Cascades*, 27 J. LEGAL STUD. 623（1998）

・Timur Kuran & Cass R. Sunstein, *Availability Cascades and Risk Regulation*, 51 STAN. L. REV. 683（1999）

・Morton Deutsch & Harold B. Gerard, *A Study of Normative and Informational Social Influences upon Individual Judgment*, 51 J. ABNORM. SOC. PSYCH. 629（1955）

・GARY S. BECKER & KEVIN M. MURPHY, SOCIAL ECONOMICS, Belknap Press of Harvard University Press（2001）

主要参考文献

・Eric Talley, *Precedential Cascades: An Appraisal*, 73 S. CAL. L. REV. 87（1999）

・David Easley & Jon Kleinberg, Networks, Crowds, and Markets, Cambridge University Press (2010)〔浅野孝夫＝浅野泰仁訳『ネットワーク・大衆・マーケット』(共立出版、二〇一三年)〕
・Paul Ormerod, Positive Linking, Faber & Faber (2012)〔望月衛訳『経済は「予想外のつながり」で動く』(ダイヤモンド社、二〇一五年)〕

【*Concluding Remarks of Chapter 3*】

本章では、個人間の相互作用がどのような社会的帰結を生じさせるかについて述べてきた。なかでも、人々の行動の間には影響関係があり、相互作用のあり方や構造が大きなファクターになりうる、という点を強調した。些細な構造の違いによって全体的な現象が激変しうることを、今までに登場した概念をもとにしながら単純な例で示してみよう。

各人が「C（協力）」と「D（裏切り）」の二つから自分の行動を選択すると仮定する。通常の囚人のジレンマと異なり、自分の周りにいる人たちのうち七割以上がCを選択したときには自分もCをとるとする（個々のプレーヤーが「条件つき協力者」である状況と解釈できる。囚人のジレンマではなくn人版スタグハントゲームであると考えてもよい）。逆に、自分の周りにいる人たちのうちCを選択する人が七割未満になると、Dを選択するほうが自分にとって得になるとする。

さて、図1のネットワーク上で、ノードで表されている人たちがそれぞれCまたはDを図に示されているとおり選択しているとしよう。このネットワークでは四人から構成される「コミュニティ」があり、そこでは全員がCを選択している。しかも、コミュニティ内の全員がCを選択している状態は均衡になっている。

ここで、図1のネットワークからリンクを一本だけ削除して、図2のネットワークに変更してみる。すると、このコミュニティの状態は大幅に変化する。初めに影響を受けるのは、コミュニティ内で最も左にいる甲さんである。甲さんから見ると、周囲の人たちのうちDを選択している人の比率は〇・二五から〇・三三に上昇する。三割以上がDを選択しているわけだから、先ほどの仮定により、甲さんは自分の行動をDに変更するだろう。

図1

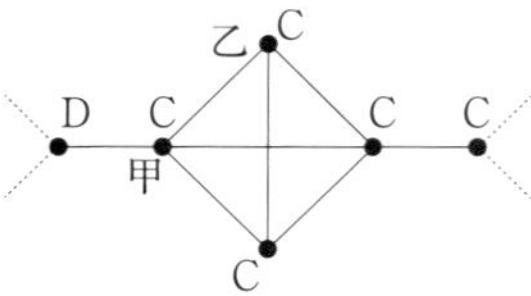

図2

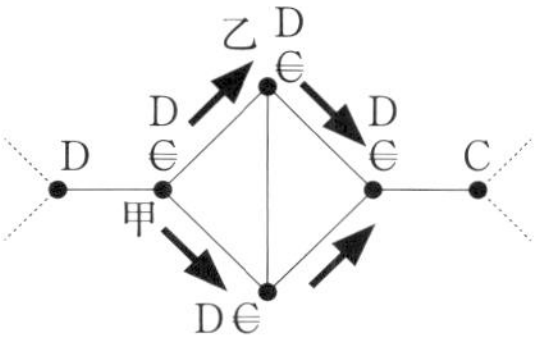

図3

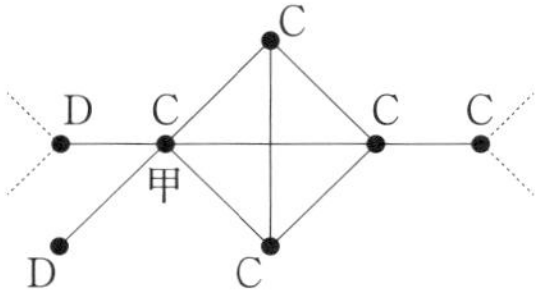

するとコミュニティ内の他の人たちも次々とDを選択するようになる。甲さんがDに切り替えると、その隣の乙さんの周りも、D選択者の比率が三割を超えることがわかる（〇・三三）。以下同様に考えると、結局コミュニティ内のすべての人がDを選択するという状態に陥ってしまう。

また、**図3**のように、甲さんがDをとる人と新たにリンクを張ったときも類似の現象が生じる。「悪友」と仲良くなった甲さんの周りでは、四割の人がDをとっている。甲さんがDをとり始めると、最終的には**図2**と同じようにコミュニティ内の全員がDを選択するようになる（いわゆる「腐ったリンゴ」効果）。

他者が行動Xをとればとるほど行動Xを選択するインセンティブが強まるという場合、「戦略的補完（strategic complements）」の関係になっていると言われる。それに対して、他者が行動Xをとると自分が行動Xを選択するインセンティブが弱まるという場合は、「戦略的代替（strategic substitutes）」の関係がある、と表現される。

もう少し正確に述べると次のようになる。戦略的補完とは、他者が行動Xを選択した場合、あるいは行動Xの程度を大きくした場合に、行動Xをとることで自分が得られる限界利益が増加するケースを指す。一方、戦略的代替は限界利益が減少するケースである。要するに、戦略的補完性はお互いの行動を強化するという性質、戦略的代替性は相殺するという性質である。

たとえば、ある人が就職活動の前にインターンシップに参加するか否かを検討しているとしよう。他の人たちとの差別化を図るためにインターンシップに行くのであれば、それは戦略的代替である（他者が行かないなら自分は行く）。他の人たちがすでに参加しているからという理由だとすると、戦略的補完である（他者が行くなら自分も行く）。また、周囲の人たちがインターンシップに気をとられすぎていることに嫌気がさしたというときも、戦略的代替となる。

カスケード現象は戦略的補完性が支配的になる典型例である。スタグハントゲームや調整ゲームも、あるプレーヤーの行動が他のプレーヤーの行動を強化するという関係が見られるから、戦略的補完性が力をもつセッティングだと言える。


一般に、法などのルールを遵守する行動もまた戦略的補完性を有する。あるルールに従う人が多ければ多いほど、人々はそのルールを守ろうとするだろう。ルールを守りたくないと思っている人にとっては、だんだんと外堀を埋められていくような感じになる。

ルールの影響力が何に由来しているのかを立ち止まって考えてみることは、法を研究する人だけでなく法に携わる人にとっても意味があろう。次章では、社会的ルールの基盤について、社会科学の知見を援用しながら若干の考察を進めることにしたい。

【*Questions*】

□ 家族、企業、コミュニティといった集合体は、個人を連結する社会ネットワークの一形態と考えることができます。そのように考えたとき、これらの集合体に関する現在の法制度にはどのような問題点が浮かび上がるでしょうか。
〔参考〕野沢慎司『ネットワーク論に何ができるか』（勁草書房、二〇〇九年）

□ コースの定理の前提となっている「市場」（つまり、コースの想定する私的交渉が行われる舞台）と、通常のミクロ経済学で出てくる「市場」の相違点について考えてみてください。

□

あなたが従来のルールには沿わない新しいことを始めようとしているとします。すると、ある人から「悪しき先例（前例）になってしまうからやめたほうがよい」と批判されました。このような批判に対して、あなたならどう反論するでしょうか。

Chapter

4

第四章

ルールを求める心

【*Introduction*】

この章のテーマは、ルールに関係する人間の心理や価値観である。前章までは経済学の概念を中心に取り上げ、個人の意思決定とその集合的帰結について述べてきた。ここからは「〜すべき」という人間の意識――規範意識――を題材として、人間の相互作用をやや違う視点から眺めていくことにする。

外発的なインセンティブと同じように、規範意識も人々の行動に対して影響を与える。人々の意思決定・行動やその帰結たる社会現象において規範意識がどのように作用しているかを探究することは、法を政策実現のための道具と考える人にとっても、そして法をもっと深遠なものと捉える人にとっても、一定の意義があるだろう。

本章は社会規範の話から始め、社会は見えないルールで張りめぐらされていることについて述べる（⑯）。その後（⑰〜⑳）の内容は、そうしたルールの背後には人間の理性だけでなく直観や感情の働きがあり、いろいろな場所でルールは自然にできていくということ、さらに、人間が長い歴史の中で人為的に作り上げてきた（または意図せずにできてきた）「制度」的なしくみが自生的なルールを補完したり抑制したりするということを示唆するものになっている。

人間の進化（⑳）にも話が及んでおり、紙幅のわりに話の範囲を広げすぎているような印象を受けるかもしれないが、法のあり方を考えるための粗っぽい素材を提供している章だと思っていただければ幸いである。

⑯ 社会規範

人間行動の文法を求めて

▼駐車場をめぐる葛藤

経済学者ゲーリー・ベッカー（Gary Becker：1930-2014）は、一見すると合理的な選択とは無縁だと思われる問題に経済学的手法を応用したことで知られる。彼は、ノーベル経済学賞を受賞した際の記念講演（一九九二年）で、犯罪行動の経済分析を生み出すきっかけとなった出来事について触れている。

それは、ベッカーがコロンビア大学で教鞭を執っていたときのことである。ある日、自分が担当する学生の口述試験に向かうために車を走らせていたが、試験開始には間に合いそうにない時間になっていた。ここから車を停めに駐車場まで行くとさらに時間がかかるが、試験会場近くの路上に車を停めてしまえば時間は節約できる。そう考えたベッカーは、切符を切られる確率と反則金の額、そして駐車場まで停めに行った場合のコストを計算し、路上駐車を選んだ（ちなみに、切符は切られずにすんだ）。

ベッカーは、犯罪行動をとろうとしている人も規制当局も同じような計算――自分にとって最適な行動を探し当てるための計算――を行っているのではないかと考え、フォーマルな数学モデルによる犯罪行動および抑止の分析へと結実させた。

一方、哲学者のジョセフ・ヒース（Joseph Heath）も、金銭と違反行為のトレードオフに直面した彼自身の経験について述べている（Heath 2008）。あるスーパーマーケットに、駐車場まで持ち出せるカートが用意されていた。一クォーター（約二五円）のコインを入れるとカートが利用でき、自分が使ったカートを店の正面玄関にあるカート置き場に戻すとコインが返却される、というシステムであった。とは言っても、正面玄関に戻しに行くのは億劫だということもある。そんなときには、ベッカー流に考えれば、一クォーターを諦めてカートを駐車場に置き去りにすればよい。

しかし、ヒースの感覚はベッカーのそれとはずいぶん異なっていた。「……私は、自分が駐車場のど真ん中にショッピングカートを放置するという考えで罪悪感に襲われたことに驚いた。私は、他の買い物客たちが駐車場をこそこそ出ていく私を非難するような目で見ている状況を想像した。カートを放置することが、ひどく反社会的なことのように感じられたのである」（訳二四六頁）。結局ヒースは、カートを元の位置に戻しに行った。

おそらく、多くの人の感覚はヒースに近いのではなかろうか。少なくとも、罪悪感や他者の目といった要素を抜きにして、ルール違反の可否を損得勘定で考える人は多数派ではないだろう。しかも、ヒースの例ではスーパーマーケット内でのルールが関わっているにすぎないのに対し、ベッカーの例では（より重みがあると一般に思われている）法が関わっている。

▼社会的ルールの見えにくさ

社会にはさまざまな種類のルールがあり、それぞれが私たちの行動をコントロールしている。国会による制定法、行政立法、施行規則、地方自治体による条例、判例、慣習法、条約、国家間・企業間の協定、組織やコミュニティの中の規則、業界内の自主規制、各種のガイドライン、倫理規定、道徳その他生活上のマナー、慣例・しきたり、友人同士の暗黙の了解などはその例である。

これらの社会的ルールの中で、法は比較的「見えやすい」ルールである。けれども、ほとんどの社会的ルールは「見えにくい」。ルールは私たちの普段の生活に密着しすぎていることが多く、すでに人々の思考の一部となっているルールもある。このような場合、誰かがルールを破らない限り、そうしたルールが行動をコントロールしているという事実になかなか気づけない。この点をよく示しているのが、心理学者スタンレー・ミルグラム（Stanley Milgram：1933-1984）の実験である（Blass 2004）。

一九七一年のこと、ミルグラムは自分の学生たちにあるフィールド実験を行うよう提案した。ニューヨークの地下鉄車内で、見知らぬ乗客に対して「席を譲ってくださいませんか？」と何の事情説明もなく頼む、という実験である。この役を買って出た学生が一人いたが、彼は計二〇人に対して頼むというノルマをこなすことができなかった。理由もなしに席を譲ってもらうという行動は予想以上に常軌を逸したもので、実行がきわめて困難だったからである。

ミルグラムも自らその行動を試してみたが、彼も同様に、席を譲ってもらうための言葉を発することに失敗し続けた。ようやくある乗客にお願いできたが、「その次の一瞬、凍り付くようなわけのわからないパニックに襲われ」、「……席に座った後、私は席を求めたということを正当化するような振りをしなければいけないんだという気持ちで一杯になった。頭を膝の間に沈み込ませ、顔は青ざめていた」（訳二二五頁）。

つまり、「理由もなしに席を譲ってもらうことを頼んではいけない」というのが社会の暗黙のルールなのであり、ルールの存在や威力を認識するのは難しい、ということである。私たちの生活は無数のルールに包囲され、そしてまたルールに支えられている。

社会的ルールはどのように出来上がり、どのように私たちの行動をコントロールしているのだろうか。こうしたルールに対する漠然とした興味は、社会科学の諸分野で長らく共有されてきた。しかし、各分野の専門化が進むとともに、つかみどころのない社会的ルールはどちらかと言えば後景へと退いていった。

法学と社会規範

その比喩を使うと、ベッカーは「前景」で世の中の事柄を説明し尽くそうとした人だと言える。徹底した前景への傾倒は、後景のありがたみを知るための良い方法だったのかもしれない。経済学においては、後景である社会的ルールへの関心が一九九〇年代にとみに高まり、法学でも同じころに法以外のルールが脚光を浴び始めた。

数あるルールのうち、社会のメンバーが一定の拘束力のもとに従っている法以外のルールを特に**社会規範**（social norms）と呼ぶ（法を「社会規範」に含む用法もあるが、ここでは法以外のルールを指すことにする）。ヒースとミルグラムが感じ取っていたのは、他ならぬこの社会規範である。

法との違いとされるのは、ルールの形成に国家などの公的機関が関与しておらず、ルールを実効化するときにも公的機関による強制力を必要としない、という点である。社会規範は自生的でインフォーマルな秩序形成装置であり、人々の行動を相互に調整する役割を担っている。

多くの場合、社会規範は見えにくいものであると同時に、いつの間にか生まれているものでもある。特定の行動パターンが社会で広く見られるようになり、その行動パターンに沿った行動をするのが普通だ（あるいは当然だ）との期待が生ずると、そこには一種の社会規範が存在していることになる。

ヒースが挙げた事例で登場したスーパーマーケットは、かつては駐車場にカートが捨て置かれてしまうのに悩まされていた。ところが、コイン式のシステムを導入した後は状況が大きく変わり、「カートを放置しない」ことがそこでの社会規範となった。ヒースは、カートを戻すという行動パターンが定着したことからこの規範が形成されたのだと推測している。

社会規範が自然に形成されるものだとすれば、法学の観点からはたとえば次のような疑問が出てこよう。社会規範の内容と法の内容が食い違っている場合、法はどれくらいの効果を社会に対してもちうるのか（例・悪しき慣習を除去する目的で制定される法律はどれほどの効果をもつのか）。社会規範と法の内容が同じである場合、それらは互いにどう影響しあうのか（例・道徳的マナーを法として規定すると効果は高まるのか、それともかえって弱まるのか）。

法学での社会規範研究のはしりとなったのは、ロバート・エリクソン（Robert Ellickson）の著作である。彼はカリフォルニア州シャスタ郡でフィールドワークを行い、土地所有者たちが近隣同士のトラブル（柵の修復費用の負担、家畜と自動車の衝突事故など）を法に頼ることなく解決し、法の規定とは異なる解決策を編み出していることを実例で示した（Ellickson 1991）。以来、法に関するいろいろな領域で社会規範が調査されたり論じられたりするようになっている（Posner 2000）。

▼法との連続性

以上の記述からは「法は人為的に、社会規範は自然にできる」という印象を受けるかもしれないが、実際はそう単純には分けられない。言うまでもなく、（法というものをいかに定義するかにも依存するが）法が自然に発生することもよくある。

法が自然に生成するという事例は随所で見ることができる。仮に国家が強制するルールを法だとしておくと、たとえば商慣習法は代表例と言えるだろう。商慣習法は商人間の継続的な取引の中で徐々に形成され、法体系の内部に取り込まれている。

また、慣習的に始まったルールが後になって明文化されるということもあれば（例・起訴猶予の制度）、明示の規定がないのにやがて制度化されるということもある（例・会計慣行）。法と社会規範の境界はそれほどはっきりしているわけではない。

法と社会規範の間の連続性を強調するために、「ソフトロー（soft law）」という用語が以前に比して頻繁に使われている（藤田編二〇〇八）。これはもともと国際法学における概念だったが、国家による強制の可能性が控えている「ハードロー」の対概念として、国際法の文脈を超えてより広範に用いられるようになってきている。

社会秩序の形成・維持のメカニズム（法を含む）は、複雑かつ多種多彩である。そのメカニズムの全体像を理解するためには、少なくとも三つの側面での検討が必要であろう。

一つ目は、タイムスパンの長い「進化」の側面である。社会規範は、利他性・互酬性・公平性への欲求、あるいは規範に逸脱した人を処罰したいという感情を基礎としていることがある。脳科学の研究で近年明らかにされているように、規範に関連する感情や意識には脳の特定の部位の働きが関係している。人間は社会規範を形作るための材料を生得的にもっていると考えられる。

二つ目は「文化」や「制度」の側面である。生得的に備わっている材料が同一であっても、具体的にどういう形をとるかは違ってくる（地域や場所によって社会規範が相異なるという事実はその現れである）。社会規範はそれぞれの社会で独自の命脈を保ち、固有の変容を遂げる。どういった要因がそのプロセスの背後にあるかという問題は、社会規範と法の相互作用を考察するうえで欠かせない。

三つ目は、個人の「認知」ないし「解釈」の側面である。ルールは多かれ少なかれ抽象的な表現形態をとる。抽象レベルでの社会規範が同一であったとしても、場面の認知や解釈が違えば、具体レベルでの規範は変わってくる。そして、そのような認知や解釈は文化の影響を受けるだけでなく、意識的であれ無意識的であれ、自分自身による操作を受けることがある。ミルグラムの感想からも示唆されるとおり、人は正当化をしながら——他者に対しても自己に対しても——行動しているのである。

引用文献

・Joseph Heath, Following the Rules, Oxford University Press（2008）〔瀧澤弘和訳『ルールに従う』〔NTT出版、二〇一三年〕〕

・Thomas Blass, The Man Who Shocked the World, Basic Books（2004）〔野島久雄＝藍澤美紀訳『服従実験とは何だったのか』〔誠信書房、二〇〇八年〕〕

・Robert C. Ellickson, Order without Law, Harvard University Press（1991）

・Eric A. Posner, Law and Social Norms, Harvard University Press（2000）〔太田勝造監訳『法と社会規範』〔木鐸社、二〇〇二年〕〕

・藤田友敬編『ソフトローの基礎理論』（有斐閣、二〇〇八年）

主要参考文献

・飯田高『〈法と経済学〉の社会規範論』（勁草書房、二〇〇四年）
・Cristina Bicchieri, The Grammar of Society, Cambridge University Press (2006)
・森大輔『ゲーム理論で読み解く国際法』（勁草書房、二〇一〇年）

17 互酬性と道徳

人間と法の内なる動力

▼復讐の感情

「理性」という語は、「感情や本能に支配されることなく、論理や道理に基づいて思考し判断する能力」といった意味で用いられる。そうだとすると、「理性的」の対義語は「感情的」や「本能的」ということになりそうである。だが実際には、理性と感情（または理性と本能）は簡単には区別できない。

脳神経学者のアントニオ・ダマシオ（Antonio Damasio）が著書の中で詳述している、エリオット（仮名）という患者の例は衝撃的である（Damasio 1994）。エリオットは脳腫瘍の手術を受け、その際に前頭葉の一部も切除された。すると、言語能力・計算能力・IQなどの知的側面ではまったく障害が現れなかったものの、感情がすっかり失われてしまった。彼が完全に理性的になったのかというとむしろ逆で、正常な知性を備えていながら社会生活において適切な判断ができなくなり、仕事にも復帰できずじまいだった。感情は理性とどこかで手を結んでもいるらしい。

個々の人間と同じく、法制度も理性と感情（ないし本能）の微妙なバランスの上に成り立っている。法制度の舞台裏では人々の感情や本能が渦巻いており、それらはしばしば理性とのせめぎ合いを演じる。法制度はそのような苦闘を経て徐々に発展してきた、と言ってよいだろう。

たとえば、刑法は復讐が「進化」したものだ、と穂積陳重（一八五五―一九二六）は書いている（穂積一九三一［一九八二］）。かつては、報復感情に基づく復讐がそのまま社会的慣習として定着し、復讐が義務とされる時代もあった。しかし復讐は大きな副作用を伴うため（氏族や同族集団の間で起こる血讐を想起していただきたい）、社会が発達してくると復讐が制限されるようになる。具体的には、復讐義務者の範囲を定めたり、許可を得てはじめて復讐ができるようにしたり、さらには金銭による賠償を認めるようになった。やがて復讐は禁止されるに至り、現在の刑法のように公権力による刑罰がそれに取って代わる。

では、そもそもなぜ復讐の感情というものが人間にあるのだろうか。穂積によれば、復讐は「存在を害する刺戟に対する反撃にして、高等生物通有の稟性《ひんせい》（生まれつきの性質）に起因する自衛作用」であるという（岩波文庫版八三頁）。生物は自らを守るためにこういう性質を備えるようになった、ということである。たしかに、強烈な復讐の感情をもつ個人に対して攻撃を仕掛けることには、幾分ためらいを覚えるかもしれない。

▼公平を求める心

しかし、人間の世界ではちょっとしたひねりが入る。

攻撃を受けたり不利益を与えられたりすると、相手に怒りや憤りの感情をぶつける。これは他の生物でもよく見られるが、人間の場合、自分自身が直接の被害者でなくても怒りや憤りの感情を示すことがある。

⑦で詳述した囚人のジレンマは、この点を例証するうえでも援用される。オーストリアの経済学者エルンスト・フェア（Ernst Fehr）とスイスの経済学者ウルス・フィッシュバッヒャー（Urs Fischbacher）は、共同で次のような実験を行った（Fehr and Fischbacher 2004）。

二人のプレーヤーが「協力」と「裏切り」のどちらかを選択する。この実験の特色は、プレーヤーの行動を傍観している第三者がいる、ということにある。第三者は囚人のジレンマには参加せず、プレーヤーの選択を観察した後でプレーヤーを処罰するか否かを決定する。ただし、処罰するためにはその第三者自身がコストを負担しなければならない（なお、ゲームは一回限りで、第三者の匿名性も確保されている）。第三者が合理的に行動すると仮定すれば、処罰は当人にとってマイナスにしかならないので、処罰は発動されないはずである。

ところが、こうした理論上の予測に反し、第三者による処罰は頻繁に発動された。なかでも、相手が「協力」を選択してくれたのにもかかわらず「裏切り」を選択したプレーヤーの場合、その約半数が第三者に処罰されていた。

このような処罰行動には複数の感情が関わっていると考えられる。第一に、不当な利益を得ている人に対して怒り・義憤の感情が湧くことがあろう。そして第二に、処罰の行使によって喜びの感情が喚起される場合がある。処罰する人の脳の内部で起きている変化をＰＥＴ（陽電子放射断層撮影）で調べた研究によると、線条体（striatum）と呼ばれる部位が活性化するのだという（de Quervain *et al.* 2004）。この部位は満足感が得られることを期待しているときに活性化する部位で、協力行動に対して報酬を与える場合に活性化する部位でもある（Knutson 2004）。

いずれにせよ、アンバランスな状態には不満を抱き、アンバランスが解消されると満足する、という生得的な認知機構を私たちは備えている。言い換えれば、人間関係の中で一種の対称性を求める傾向をもっているのである。たとえ自分自身が直接関わっていない場面であっても、である。

人間関係において対称性を要求する原則を広く**互酬性**（reciprocity：**互恵性**）の原則と呼ぶ。「利益を受けたらお返しをすべき」、「自分がしてほしくないと思うことを他人にしてはいけない」、「持ちつ持たれつ」、「お互い様」、「目には目を」、「やられたらやり返せ」といった行動指針はすべて互酬性を反映している。互酬性は「公平」や「正義」という概念の基礎にもなっていると言えよう。

恩返しと仕返しはどちらもこの互酬性に基づいているが、恩返しは「正の互酬性」、仕返しは「負の互酬性」にあたる。穂積陳重が刑法の基底に見出した復讐の感情は、負の互酬性の一形態にほかならない。

▼強い互酬性

では、互酬性は生物進化の過程でどのようにして生まれたのだろうか。実のところこれは難問である。なぜなら、互酬性をもたらす感情や本能をもつ個体は生存競争の中で不利な立場に置かれやすいからである。

互酬性に基づく行動をとる個体は、無条件に裏切る個体につけこまれる可能性が高いだろう。また、自分に直接危害を加えていない個体を進んで処罰しようとする個体も、余計なコスト（さらに仕返しされる危険性も含む）をわざわざ負担しているわけなので、処罰を行わない個体に押されてしまうはずである。要するに、フリーライドをすれば得をするのにそうしない個体は、ハンディキャップを負いながら生存競争をくぐり抜けなければならないのである。

この点を捉えて、「強い互酬性（strong reciprocity）」という概念が二〇〇〇年前後から進化心理学や行動経済学で使われるようになってきている。強い互酬性をもつ行為者は、他の人から利益を与えられれば自分も利益を与え、かつ、不利益を与えられれば自分も不利益を与える。ここでの「強い」とは、狭義の自己利益に基づいておらず、行為者からすると必ずしも最適ではない行動選択をもたらす、という性質を指している（これに対し、行為者にとって結局は得になるというタイプの互酬性が「弱い互酬性」である。本書二〇六頁で述べる「互恵的利他主義」がこれに該当する）。

強い互酬性を示す行為者は、客観的な利益が自身に何らもたらされないときにも、それどころか客観的には不利益になるときにも、報酬や処罰を与えようとする。進化の過程においては、何か特別な事情がない限り、生存上不利な形質は淘汰される運命にあるはずである。

理論的に考えればあるはずのないものの存在を説明するために、今までに多くの研究者が「強い互酬性が進化しうる条件」を明らかにする理論やモデルの構築を試みてきた（Bowles and Gintis 2011）。これについてはまた⑳で触れよう。

他方で、第三者による処罰が当人にとってどのくらい不利益と言えるのか、現実の社会では第三者による処罰がどの程度起こっているのか、強い互酬性という概念は果たして本当に有用なのか、といった問題をめぐって議論と検討は続いている。これからの展開が注目される研究領域である。

▼道徳の基盤

互酬性を道徳の起源とみなす研究者もいるが、道徳を構成しているのは互酬性だけではなく、単一の原理で道徳が説明し尽くせるわけではない。

心理学者のジョナサン・ハイト（Jonathan Haidt）らが提唱している「道徳基盤理論（moral foundations theory）」によると、人間の道徳は複数の「基盤」から構成されている（Haidt 2012）。社会や文化が異なれば道徳的ルールも違ってくる。しかし、あらゆる社会・文化に共通して見られる道徳的ルールが少なからずあるのもまた事実である。

ハイトらが行ったのは、さまざまな文化圏における道徳的ルール群から、普遍性をもつと言える認知的要素を特定する、という作業であった。

この研究はまだ途上のようだが、現時点で候補として挙がっているのは次の六つである。これらの道徳基盤は、同じグループに属する他者との協力が必要な環境の中で進化したものだと考えられている。

(1) 〈ケア／危害〉基盤：他者の苦痛を忌避する傾向。そうした苦痛を引き起こす人に嫌悪感をもつこともある。「人を殺してはいけない」、「人を傷つけてはいけない」という道徳的ルールが典型例である。

(2) 〈公正／欺瞞〉基盤：互酬性（特に正の互酬性）にほぼ相当する。お返しをすることなく一方的に利益を得る行為やごまかし行為を禁ずるルールがこのカテゴリーに入る。

(3) 〈忠誠／背信〉基盤：自分が所属する集団を尊重し、グループのためになる行為を求める傾向。集団の一員としてふさわしい行為を求めるルールが例として挙げられる。

(4) 〈権威／転覆〉基盤：地位・権力や上下関係を重視する傾向（(6)と緊張関係がある点に注意）。「分相応に振る舞うべき」、「権威をもっている人に敬意を表すべき」というルールが例である。

(5) 〈神聖／堕落〉基盤：肉体的・精神的な純潔を好み、「汚れ」や「穢れ」を嫌う傾向である。貞節や禁欲についてのルールと関係する。

(6) 〈自由／抑圧〉基盤：自律的な意思決定を好み、支配されるのを嫌がる傾向。平等（絶対的平等）を求める傾向とも関連する。個人のプライバシーや権利を尊重するルールが例である。

ハイトは、これらの道徳基盤を「味覚受容器」にたとえている。つまり、料理の味は甘みや苦みなどの味覚――限られた種類の味覚――の混合物であり、何をどう組み合わせるかによってヴァリエーションが生まれる。道徳もそれと同じで、文化ごとのばらつきはあるが、私たちの「味覚」を満足させる道徳基盤は人類共通なのだ、という主張である。

冒頭に述べた理性と感情・本能の区別を使うと、道徳基盤は後者にあたる。「味覚を満足させたい」というのが感情や本能であるならば、理性はさしずめ「栄養面を考える」ということになろうか。味覚だけを追求しすぎると栄養が偏ってしまう。法制度のあり方を考えるにあたっても、料理のメタファーは含蓄があるように思う。

引用文献

・Antonio R. Damasio, Descartes' Error, Putnam Publishing (1994)〔田中三彦訳『デカルトの誤り』〔筑摩書房、二〇一〇年〕〕

・穂積陳重『復讐と法律』（岩波書店、一九八二年）
・Ernst Fehr & Urs Fischbacher, *Third-Party Punishment and Social Norms*, 25 Evol. Hum. Behav. 63 (2004)
・Dominique J.-F. de Quervain *et al.*, *The Neural Basis of Altruistic Punishment*, 305 Science 1254 (2004)
・Brian Knutson, *Sweet Revenge?*, 305 Science 1246 (2004)
・Samuel Bowles & Herbert Gintis, A Cooperative Species, Princeton University Press (2011)
・Jonathan Haidt, The Righteous Mind, Allen Lane (2012)〔高橋洋訳『社会はなぜ左と右にわかれるのか』〔紀伊國屋書店、二〇一四年〕〕

主要参考文献

・金井良太『脳に刻まれたモラルの起源』（岩波書店、二〇一三年）
・大槻久『協力と罰の生物学』（岩波書店、二〇一四年）

⑱ 公平性と社会的選好

他者あってこその選好

▼最後通牒ゲーム

⑰で「公平」の概念が少し出てきたので、本節で敷衍しておこう。公平性の話になるとよく引かれるのが、**最後通牒ゲーム**（ultimatum game）の実験である。

被験者Xは、一定額の金銭（一〇〇〇円とする）を別の被験者Yと分け合うよう実験者に求められる。Yに与えられる選択肢は、Xの分配案（オファー）を「承諾する」か「拒否する」かである。Yが承諾すれば、Xのオファーどおりの金額が二人に与えられる。逆に、Yが拒否すれば双方とも何ももらえない。

自分の受け取る金額が最大になるように両プレーヤーが意思決定を行うとすると、どういう結果になると予測されるだろうか。まずYは、自分への分け前が一円でもあれば承諾すべきである。拒否して何も得られなくなってしまうよりは、承諾して正の金額を得るほうがよい。次にXの意思決定を考えると、Yはゼロ以外であればどんな金額でも承諾してくれるから、Yにはほんの少しだけあげて、残りは自分の取り分とすればよい。

よって、最も「合理的」なXのオファーは「X：九九九円、Y：一円」である。しかしながら、このようなオファーを実際の人間がすることは――経済学を勉強したことのある人を除けば――むしろ珍しい。過去の実験結果を総合すると、Xが自分の取り分として要求する金額は、概ね合計額の五〇～六〇パーセントである。つまり、合計額の四〇～五〇パーセントをYに与えるのである（Camerer 2003）。Yのほうも「一円でもよい」などとは普通は考えず、提示額が少なければ拒否もする。

Xがこのようなオファーを行うのはなぜだろうか。第一に、他者Yの状態が良くなれば自分（X）も嬉しく感じるからだ、という説明がありうる（利他的動機）。Xが自分の効用だけではなくYの効用が高まることも望んでいるとすると、たまたま得られた金銭をパートナーにも進んで分けてあげようとするだろう。

第二に、XはYがオファーを拒否するのを恐れて高めのオファーをするのだ、という説明がある（戦略的動機）。「不均等なオファーが来れば、Yは拒否も辞さない」とXが思っているとすると、はした金を超える金額をYに差し出すのは「合理的」な戦略である。

第三に、均等に分けるのが当然だとXが思っているからだ、という説明もある（規範的動機）。利他的動機と似ている（実際、区別できないこともある）けれども、利他的動機が「そうしたいからしている」のに対し、規範的動機は「そうすべきだからしている」という点で一応異なる。

現実にはこれらの動機は混在しているが、第二の戦略的動機がどのくらい作用しているかは「独裁者ゲーム（dictator game）」の実験から推し量ることができる。独裁者ゲームとは、簡単に言うと、最後通牒ゲームからYの拒否権を取り除いたゲームであり（***Column(6)*** 参照）、XはYによる拒否を恐れることなく分配案を示すことができる。あるレビュー論文の分析によれば、Xは平均で三〇パーセント弱をYに与える（Engel 2011）。

▼競争と公平性

これらの実験から、最後通牒ゲームのプレーヤーも利他性または公平性の影響を受けて意思決定をしている、と言えそうである。そして戦略的動機にしても、XはYの公平感を慮ったうえで意思決定をしているのだから、その意味で公平性の影響を受けていると考えて差し支えない。また、最も多いオファーが折半だという点からも、公平性の規範の作用を読み取ることができよう。

ところが、公平性の規範はきわめて移ろいやすく、さまざまな社会的・状況的因子に左右されやすい。いかなる場面でも公平性の規範が一義的に意思決定を導くというわけではない。

最後通牒ゲームでも、設定を少し変更するだけで大きく異なる行動が見られるようになる。たとえば、先ほどのゲームでは提案者はXひとりであったが、提案者が複数になると、公平性に基づく意思決定はほとんど観察されなくなる。

経済学者のアルヴィン・ロス（Alvin Roth）らは、提案者九名（X_1、…、X_9）が受益者一名（Y）

に対してオファーをする、という方式の変形版最後通牒ゲームで実験を行った（Roth *et al.* 1991）。提案者たちは同時にオファーを出し、Yは最も高いオファーを承諾するか拒否するかを決める。このような状況では、X側はほぼすべてをYに与えるというオファーをする（そしてそれをYが承諾する）ようになる。

では、受益者が複数いる場合はどうか。提案者を一名（X）、受益者を五名（Y_1、…、Y_5）とした実験（各受益者は最低受入額をあらかじめ選択し、オファーを下回る最低受入額を選んだ受益者のうち一名だけが分け前にあずかれる）では、受益者の最低受入額はゼロに近くなっていった（Güth *et al.* 1997）。

要するに、提案者あるいは受益者間に競争が導入されることによって、極端に不公平な分割も許容されるようになる、ということである。

ちなみに、ロスらの研究では実験手順が周到に組み立てられており、相当に念入りな国際比較がなされている。対象となったのは、イスラエル、日本、アメリカ、そしてスロヴェニア（実験当時はユーゴスラヴィア）の四か国である。もとの最後通牒ゲームでは国によって実験参加者の行動に差が見られたが（これについては㉒で紹介する）、競争を導入したゲームではどの国でも同様の行動が観察されている。

不平等の忌避

人々は自分の状態のみならず他者の状態も配慮した選好をもっており、状況によってそれが強く表に出たり引っ込んだりする。

他者の状態を配慮した選好を**社会的選好**（social preferences）または「他者顧慮型選好（other-regarding preferences）」と言う。社会的選好は、経済学の分野で決して無視されてきたわけではない。経済学がもっぱら自己利益追求型の個人を前提としているというのは誤解であり、個人の効用関数に他者顧慮的な要素をどう組み込むかという問題は経済学で活発に議論されてきた（⑰で述べた強い互酬性の議論も、そうした試みの一環である）。

その中でも典型的なのは、公平性の感覚を効用関数に取り込むモデルである。すなわち、「不平等を嫌う個人」の選好構造を数式で表現するのである。このようなモデルは「不平等回避モデル（inequality aversion model）」と総称される。

代表例は、⑰でも登場したエルンスト・フェアと、クラウス・シュミット（Klaus Schmidt）が提案した不平等回避モデルであろう（Fehr and Schmidt 1999）。彼らのモデルは、それまでの実験結果をよりよく説明する目的で組み立てられたものである。

フェアとシュミットのモデルの要諦は、人々がもらえる分け前の差（の総計）が大きくなるほど効用が下がっていく、という点にある。そして、個人は自分にとって有利な不平等も不利な不平等のどちらも忌避するが、自分が不利になる不平等のほうにより敏感に反応する。したがって、不平等からくる罪悪感と嫉妬心の両方がモデルに表現されていて、後者により大きなウェイトが置かれている、と言えよう。

このモデルを使うと、最後通牒ゲームで競争を導入したときに不公平な結果が均衡として現れることを説明できる（具体的にどのように説明できるかについては、原論文または大垣＝田中（2014）などを参照していただきたい）。また、公共財ゲームで見られる協力行動（⑧参照）も説明可能である。フェアとシュミットによるモデル以外にも、より優れた説明力をもたせるべく、いくつもの不平等回避モデルがこれまでに提案されてきた。

ただし、このような方向性の研究に対しては批判もある。効用関数の形をいろいろと変えてみるのには、伝統的な経済学の枠組みを維持しながら現実の人間行動を記述するという点では意味があろう。だが、それはアドホックな記述にすぎず、実験で新しい知見がもたらされるたびに効用関数の形を変える、ということになりかねない。

さらに、不平等回避モデルは分配の結果にのみ着目しているが、公平の感覚は分配の結果だけに関わっているわけではない。仮に相手が大きな分け前を得たとしても、それに値する理由が相手方にあれば不公平感は和らぐだろう。一方、大きな分け前を受けるべき理由が自分のほうにあれば、分配が均等であっても不公平感が募りやすい。

▼不公平感の力

公平とは「等しいものは等しく、等しくないものは等しくない程度に応じて等しくなく」扱うことだ、と言われる。しかしこれだけでは無内容同然であり、実際の公平性判断に役立つ指針とはならない。実際の公平性判断は文脈に応じてその都度生成される。何が不公平にあたるかは、具体的な場面をどのように解釈するかにかかっているのである。

⑬で紹介したフィスクによる社会関係四パターン（CS・AR・EM・MP）は、複雑な公平性の概念を整理するうえでも参考になる。何を「等しい」「等しくない」と考えるかは社会関係に依存する。たとえば、地位や実績は考慮せずに均等に分配すべきだと思われている場合（CS）もあれば、上位の人が下位の人よりも多く分配されるべきだと思われている場合（AR）もある。

ことによると、因果の方向が逆になることもあるのかもしれない。つまり、「公平」や「平等」というレトリックが効果的に用いられ、それによって現実の社会関係のパターンが変わっていくこともありうる。

人間の社会は、公平や平等を求める感情によって突き動かされ、ときには急激な変革も経験した。市民革命や社会主義革命、公民権運動、労働運動といった出来事は、不公平感を主動因とした社会関係パターンの変容と捉えることができよう。法の制定や改正、そして裁判所が出す判決の背後にも、人々の間の不公平感を解消したいという希望が存在することは多い。換言すれば、公平性の概念が梃子となって社会を変えていく、ということである。

第一章（特に⑤）との関連で、以下の点を最後に指摘しておこう。「公平性」と「効率性」は対立する概念として描かれることがあり、たしかに対立する場面もままある。だが、これら二つの概念は必ずしも衝突してばかりなのではなく、相互に補完しあう面をもっている。

公平性を一顧だにしない市場経済というものは存立しえない（市場経済による不公平と思われてい

るもののうち大部分は、実は市場以外の要因に由来している）。不公平感が募ると経済の不安定性や不確実性が増し、結果として経済発展を阻害しやすい（Milanovic 2011）。公平性の概念と効率性の概念を並列させると、えてして折り合いをつけることに気を奪われがちだが、いかにして両立させるかを考えるほうが実践的にも有意義だろう。

Column(6)　独裁者ゲームと利他性

独裁者ゲームは、最後通牒ゲームから回答者（Y）の意思決定ステージを取り除いたものである。

Xは、Yとの間で一定額の金銭を分け合うよう指示される。しかし、分け前を決めることができるのはXのみで、Yは承諾も拒否もできない。

Xが純粋に自己利益（ここでは、もらえる金額を最大にすること）に基づいて決定するならば、全額を自らの取り分とするはずである。特にゲームが匿名で行われる場合は、他者がXに下す評価がよくなるわけでもなく、ゲーム後にYから報復されるわけでもない。したがって、Xは何も渡さない、というのが理論上の予測となる。

独裁者ゲームの場合も、実験をしてみると理論上の予測とは離れた結果が出てくる。全額を自分の取り分とする人は少数派であり、通常、過半数の人たちは正の金額をYに渡す。Xの役割を与えられた人は、一〇～三〇パーセント程度の分け前をYに渡すことが多い（Camerer 2003：56–59）。

この独裁者ゲームの実験の結果は、人々が自分だけでなく他者の利益を一般に顧みているということ（利他性：altruism）を示すものだと考えられているが、異論もある。

引用文献

・Collin F. Camerer, Behavioral Game Theory, Princeton University Press（2003）

・Christoph Engel, *Dictator Games: A Meta Study*, 14 Exp. Econ. 583（2011）

・Alvin E. Roth, Vesna Prasnikar, Masahiro Okuno-Fujiwara & Shmuel Zamir, *Bargaining and Market Behavior in Jerusalem, Ljubljana, Pittsburgh, and Tokyo: An Experimental Study*, 81 Am. Econ. Rev. 1068（1991）

・Werner Güth, Nadège Marchand & Jean-Louis Rullière, *On the Reliability of Reciprocal Fairness: An Experimental Study*, Discussion Paper 80, SFB 373, Humboldt-Universität zu Berlin（1997）

・Ernst Fehr & Klaus M. Schmidt, *A Theory of Fairness, Competition, and Cooperation*, 114 Q. J. Econ. 817（1999）

・大垣昌夫＝田中沙織『行動経済学』（有斐閣、二〇一四年）

・Branko Milanovic, The Haves and the Have-Nots, Basic Books（2011）〔村上彩訳『不平等について』〔みすず書房、二〇一二年〕〕

主要参考文献

・平井宜雄『法政策学』（有斐閣、一九八七年〔第二版は一九九五年〕）

- George A. Akerlof & Robert A. Shiller, Animal Spirits: How Human Psychology Drives the Economy, and Why It Matters for Global Capitalism, Princeton University Press (2009)〔山形浩生訳『アニマル・スピリット』(東洋経済新報社、二〇〇九年)〕
- 依田高典『行動経済学』(中央公論新社、二〇一〇年)

19 評判

民衆の声は神の声？

共同作業の裏で

大学教員には、学問分野への興味を学生にもたせて自主的に勉強するよう導く、という役割が期待されている。教員が一方的に与える側にいるかのような表現だが、教員だけではいかんともしがたい部分もたしかにある。よく言われるように「馬を水辺に連れて行くことはできても水を飲ませることはできない」のであって、できることはせいぜい水が美味しそうに見える水辺を選んだり、無理やり馬を運動させて汗をかかせたりすることくらいである（私自身は、水辺に連れて行けているかどうかも怪しい）。

ともかく、大学の授業もれっきとした共同作業である。特にゼミナール形式の授業（演習）は、教員と学生の協力なしには成立しない。学生にとっての合理的な行動は「努力せずに単位だけ取る」ことかもしれないが、授業が協力を要する作業であることを考えれば、これは囚人のジレンマで言う「裏切り」行動に該当しよう（⑦参照）。その一方で、「協力」行動をとってくれる学生もまた少なからずいる。

ゼミナール形式の授業は、担当教員が学生のセレクションを行うことが多い（大学によっては上級生が行う）。ここで教員が直面する課題は、応募してきた学生の中から、授業に貢献してくれそうな「良いタイプ」の学生を見極めることである。裏切り行動を続ける「悪いタイプ」の学生を選んでしまうと、他の学生のみならず教員自身の士気にも響きかねない。その学生と直接関わった経験があれば識別は容易だろう。だが、募集の時点では面識のない学生が大半である。

そのため、種々の方法を使って学生のタイプに関係する情報を集めることになる。たとえば、志望理由を書かせたり、過去の成績を参照したりすることで断片的な情報は得られる。それらに加えて、他の教員から情報が提供されることもありうる。当該学生と関わったことのある教員に学生の様子を尋ねるという場合もあれば、何かの折に学生についての話を小耳に挟むという場合もあろう。このような**評判**が、意思決定にあたってしばしば活用される。

言うまでもなく、これは大学内に限ったことではない。人々の会話は噂やゴシップで溢れており、聞く側にとっては有力な情報源になっている。何しろ、「成人の会話の六割以上は、その場にいない人についての話」という研究があるくらいである（Wert and Salovey 2004）。

評判は私たちの日常生活にあまねく行き渡っており、人々の共同作業を陰で支えている、と言える。自分が関わり合いになる相手がどのような人なのかを直接の経験によってしか知ることができないとすると、共同作業を生むための素地は大きく削がれてしまうだろう。

▼歴史の中の評判

一一世紀ごろに活動していたマグリブ商人は、原理的には同じシステムを駆使して地中海貿易の覇権を握ることになった（Greif 2006）。

遠隔地間の取引、ことに海を跨ぐ取引にはリスクが伴う。商人（プリンシパル）はすべての取引を独力で行うことはできないから、代理人（エージェント）に依頼せざるをえない。だが、遠くにいる代理人の行動を監視することはほぼ不可能であるため、代理人が不正を働いて利益を横取りしてしまう余地が出てくる（これは「プリンシパル・エージェント問題」と呼ばれる）。安心して代理人に依頼できる体制が整っていないと、代理人を使った貿易を行おうとする人は現れないだろう。実効性のある法制度が確立されていれば問題は解消するが、当時は国際取引を監督できる機関は存在しなかった。

そこでマグリブ商人たちは、自分たちを防衛するための情報ネットワークを作るようになる。すなわち、代理人の評判を商人仲間の間に広めて、ある代理人が仲間の誰かを裏切った場合には爾後その人を代理人として雇わないことにしたのである。裏切り行動をとる代理人はこのシステムによって取引から締め出され、マグリブ商人たちは地中海貿易で利益を確保することに成功した。

このように、商業と評判は古来より密接に関連している。アダム・スミスは『法学講義（Lectures on Jurisprudence）』の中で、商業的なオランダ人のほうがイングランド人（当時はまだ商業的ではなかった）よりも誠実で几帳面だと言っているが、その理由を評判低下への懸念に帰している。

「利己心は、各人の諸行為を規制し、人びとを利益の観点から行為するように導く一般原理であり、イングランド人にもオランダ人とおなじく深く植えつけられているのである。業者は評判をおとすことをおそれているし、あらゆる約束を几帳面にまもる。ある人が一日におそらく二〇の契約をむすぶとすると、かれが隣人たちをだまそうと努力してえるものは、だますように見えただけで失うものに、及びえない。」（訳は岩波文庫版四〇一頁による）

つまり、オランダ人が誠実で几帳面（ここでは契約条項と履行期限を守ることを指す）であるのは生来的にそのような性質をもっているからではなく、自己の利益をできる限り高めようとしているからだ、ということである。自分の評判を落とすことは将来の利益の喪失に直結するので、経済的利益の獲得を目標とする人たちは節度ある行動をとるようになる。こうした考え方は、「武力ではなく商業に頼ることによって人々が穏やかになっていく」という啓蒙思想家たちの主張（Doux Commerce）とも通底する。

▼インフォーマルな情報伝達

うまく整備された市場や社会では、評判メカニズムを通じてメンバーの行動が統制されている。このメカニズムが効果的になるためには、メンバーに関する情報が十分円滑に流通しなければならない。もし情報を伝達する特別なしくみがなければ、評判は主として噂やゴシップなどのインフォーマルな情報伝達によって形成され、ときに傷つけられる。

小さな仲間集団や伝統的な村落のように、人々が緊密に結びついたコミュニティを作っている場合は、メンバーの同定が容易であるだけでなく、メンバーについての情報が盛んに交換される傾向がある。そのような環境では、メンバーが匿名である環境に比べて逸脱行動は抑止されやすくなるだろう。けれども、インフォーマルな情報伝達には明白な難点が二つある。

第一に、情報にはエラーがつきものである。情報が最初から誤っていることもあるし、伝達中に情報が歪められることもある。一九七三年に愛知県で起こった豊川信用金庫の取付け騒ぎは、情報のエラーが甚大な損失をもたらしかけた典型例である。この取付け騒ぎの発端は、列車内で会話している高校生が発した「信用金庫は（強盗が入ることがあるから、就職先としては）危ないよ」という言葉だった。この言葉がどういうわけか「信用金庫の経営が危ない」という意味に誤解され、人々の口の端に上るうちに「豊川信用金庫は危ない」「もうすぐ潰れる」と伝えられるようになり、カスケード現象（⑮参照）を引き起こした。

第二に、仮に内容の正しさが保証されるとしても、伝達されやすい内容の情報とそうでない情報がある、という点が挙げられる。無味乾燥な情報よりも話題性のある情報のほうが伝達されやすく、さらに、単なる事実ではなく人々の社会的関係についての情報のほうがより正確に伝わりやすい（Mesoudi *et al.* 2006）。そして、複数の研究で実証されているとおり、現実の社会でもインターネット上でも、良いニュースよりも悪いニュースのほうが拡散しやすい。「悪事千里を走る」とともに

「好事門を出でず」であることは、インフォーマルな情報伝達だけでは弊害が大きくなりうることを示唆している。

とはいえ、人々が私的に保有している情報とそれによって作られる評判が貴重であることに変わりはない。特に注意すべきなのは、評判には「公共財」的な性質がある、ということである。評判が正確な情報を反映している限り、評判を聞く側にとっても利益となる。

前述のマグリブ商人の例は、法制度がないために生じている空隙を評判メカニズムが埋める、という例であった。法制度が整備されれば評判メカニズムが不要になるのかというと、必ずしもそうではない。法制度が確立している現代でも、評判メカニズムは人々の行動を制御し、法制度を補完する役割を果たしている。さらには、法制度が評判システムを利用している場合もある（法令に違反した人や会社の名前を公表する措置がその例）。

情報技術の発達と評判

社会が大きくなってくると評判メカニズムは一般に機能しにくくなると言われてきたが、インターネットをはじめとする情報技術の発達により、評判メカニズムの威力はますます強まってきているように見える。飲食店や書籍などの評価はウェブですぐに閲覧でき、誰かが事件を起こせばその人の個人情報が瞬時にばらまかれる。他大学の教員がどのような授業を行い、どういう評価を学生から受けているのかということさえも、インターネット上の情報からある程度推測できる。

匿名性が高いと従来思われていた領域でも、個人を特定することはさほど難しくなってきている。シカゴ大学ロー・スクールのリオール・ストラヒレヴィッツ（Lior Strahilevitz）は近時のこの変化を「評判革命（reputation revolution）」と呼び、評判が猛威を振るう世界における社会統制について考察している（Strahilevitz 2011）。

個人に関する情報の入手が容易になると、プライバシーに抵触する場面が増えるおそれがある。反面、個人に関する情報がほとんど入手できない状況では、**統計的差別**が蔓延することがある。たとえば、あるアパートやホテルが「外国人お断り」という方針をとっている場合がある。大家や経営者にしてみれば「生活習慣の違いで住民同士のトラブルが起きるから」「言葉の面で対応できないから」といった言い分があるのかもしれないが、そんな心配が無用な外国人もいるはずである。「外国人」であることはごく大雑把な代理変数にすぎない。

統計的差別は、誤った評判（ないし正確性を欠いた評判）に基づく差別だと言える。ストラヒレヴィッツによると、情報技術が発展してより細かく正確な個人情報が利用できるようになれば、個人は個人として正当に扱われ、統計的差別は緩和されていくかもしれない。要するに、評判が良い方向へと作用しうる可能性を見逃すべきでない、ということである。

この趨勢とプライバシー権との緊張関係をどのように考えるかは大きな問題である。最近議論されている「忘れられる権利（right to be forgotten）」は、データ主体である個人が管理者に対して個人情報を含むデータの削除を請求できる権利を指しており（たとえば、ＥＵの「一般データ保護規則案」を参照）、個人のプライバシー権に基づいて主張されることが多い。

欧州司法裁判所（ＥＣＪ）は、二〇一四年五月一三日の判決で、「目的や経過時間を考慮すると、不適切で妥当性がないデータ、あるいは過剰なデータ」の削除を求めることができると判断した（Case C-131/12, Google Spain v. AEPD and Mario Costeja González）。権利行使を認める条件の設定のしかたによっては、「忘れられる権利」は評判の社会的価値を守るものでもありうるだろう。

Column(7)　過去の犯罪情報と「忘れられる権利」

ある人が逮捕されたり有罪判決を受けたりすると、インターネット上のニュースなどで情報が掲載されることがある。インターネット上の情報は将来まで残る可能性があり、しかも、検索すれば容易に見られるという状態に置かれる。

さて、このような情報には「忘れられる権利」の考え方は及ぶのだろうか。たとえば、検索サイトを運営する業者に対し、一定期間が経過した後に、自己の逮捕歴や前科などに関する情報を削除するよう求めることはできるだろうか。

実際、検索結果の削除を求めて仮処分申請をするという動きが見られるようになった。二〇一五年現在、地方裁判所の判断は割れている。この年五月、現役歯科医が不正な診療行為で逮捕されたという事実を示す検索結果の削除を本人が求めた事案について、東京地裁は削除を命じる仮処分決定を出した。これに対し、会社社長が脱税で有罪判決を受けたという事実については、削除請求は認められなかった（同年一〇月）。公益性があるからというのがその理由である（朝日新聞二〇一五年一一月二日朝刊三面）。

自由な情報流通の保障が公益に資するという観点からすると、削除は簡単に認めないほうがよいだろう。他方、本人の更生や平穏な生活を重視するのであれば、長い間情報をさらしておいたままにするのはマイナスであり、求めに応じて削除してもよいという結論になろう。

たしかに、本人の過去はその人を知るための材料にはなる。ただここで考慮すべきなのは、過去の逮捕歴や前科は現在のその人の性質を示す指標としては粗すぎる、という点である。特に、逮捕されたという事実だけではその人の何かを示すわけではないから（建前としても無罪と推定されるはずである）、そうした情報をアクセスが容易な場所に長期間置いておく必然性は乏しいように思う。

引用文献

・Sarah R. Wert & Peter Salovey, *A Social Comparison Account of Gossip*, 8 Rev. Gen. Psychol. 122（2004）
・Avner Greif, Institutions and the Path to the Modern Economy, Cambridge University Press（2006）〔岡崎哲二＝神取道宏監訳『比較歴史制度分析』（ＮＴＴ出版、二〇〇九年）〕
・Alex Mesoudi, Andrew Whiten & Robin Dunbar, *A Bias for Social Information in Human Cultural Transmission*, 97 Brit. J. Psychol. 405（2006）
・Lior J. Strahilevitz, Information and Exclusion, Yale University Press（2011）

主要参考文献

・山岸俊男＝吉開範章『ネット評判社会』（ＮＴＴ出版、二〇〇九年）

・John Whitfield, People Will Talk, Wiley (2011)〔千葉啓恵訳『評判の科学』(中経出版、二〇一三年)〕

⑳ 人間の心の進化

他者との共生、ルールとの共生

▼協力行動の進化

本章では、「人間の心」が示す特質の中で、法や社会規範などの社会的ルールと密接に関係するものをいくつか取り上げて述べてきた。話がやや拡散して相互の関係が見えづらくなった感もあるので、話をまとめる準備を兼ねて、この節で若干の整理をしておきたい。

社会的ルールには、非常に大まかに分けて二種類のものがある。第一に、調整問題（⑩参照）を解決して人々の活動を円滑にするルールがある。調整ゲームの均衡を誘導するルール群と言ってもよい。度量衡ルールや交通規則がその典型例で、これらに共通するのは「ルールが指示する行動には道徳的な意味合いがなく、他の均衡でも問題ない」という特徴である。このようなルールは「コンヴェンション（convention）」とも呼ばれる（Lewis 1969）。

一方、協力行動を均衡として実現するルール群もある。四人のジレンマや社会的ジレンマ（⑦・

⑧参照）に見られるように、個人の自己利益に任せると全体として望ましくない状態に陥ってしまうという場面が社会生活では出てくる。そうした状態に陥るのを防ぎ、より効率的な状態を実現するため、個人の行動を規律する社会的ルールが形成・維持されている、というのが第二のルール群である。

もっとも、この二つはきれいに分けられるわけではなく、連続的なスペクトラムをなしていると考えたほうがよい（⑨参照）。単なるコンヴェンションだと思われていたルールが、いつの間にか協力行動としての意味を担うようになった、という例もある。

さて、ルールの存在を説明する際の難題の一つは、協力行動を導く後者のルールがいったいどのように発生したのかという問題である。社会的ルールのうち、少なからぬ部分は人間の生得的な認知機構や感情と関係していると言われる。たとえば、誰かが協力行動を怠ったり裏切ったりすると敏感に反応し（Cosmides 1989）、ルールに違反した逸脱者に対しては（たとえ自分が直接の被害者でないとしても）進んで処罰を与えようとする。

こうした性質が進化のプロセスを生き残るためには、ある特別な条件が必要である。協力行動をとる傾向のある個体は、協力行動をとりやすい別の個体と交流している限り、多くの利得が得られるので繁栄することができる。しかし、裏切り行動をとる個体が交流に加わってくると、協力行動をとる個体は相手につけ入る隙を与えることになるため、相対的に不利な立場に追いやられる。その一方で、裏切り行動をとる個体（社会的ルールに縛られない個体）は母集団の中で徐々に勢力を伸張させることになる。

したがって、協力行動をとりやすい性質（⑰で紹介した「強い互酬性」の理論は、そのような性質を「強い互酬性」の概念に集約させているわけである）をもつ個体が、どのような条件のもとで対抗勢力に負けずに生き延びることができるかが解明されなければならない。

▼狩猟採集の生活

今までの研究を概観すると、「協力行動をとる個体がある程度かたまって存在しているかどうか」、つまり「ランダムではない相互作用が生じているか否か」が鍵になっているらしい。協力行動をとる個体と出会う確率が十分に大きくなれば、その協力行動は進化のプロセスを生き残ることができる（Nowak 2006：Bowles and Gintis 2011）。

例を挙げると、将来の交流の可能性が大きい場合や、他の個体の性質や行動に関する情報を得る確率が高い場合（「評判」が機能している場合）、あるいは、遺伝子を共有する確率が高い場合は、協力行動が生成・維持されやすくなる。

人類が経験してきた狩猟採集生活は、そうした条件を提供する環境だったと考えられる。気が遠くなるほど長い間、人類（と言うよりその祖先）は狩猟採集生活を営んできた。現時点で最古の石器は約二五〇万年前のものであり、最も古いホモ・サピエンスの化石は約一九万年前のものだというから、現生人類が登場するよりもはるか昔の出来事である（ちなみに、農耕牧畜が始まったのは約一万二〇〇〇年前のことにすぎない)。

狩猟採集に依存する生活は、牧歌的な生活とはかけ離れている。人類の祖先は度重なる気候変動と食糧難に見舞われていて、熾烈な集団間の争いを繰り返していたという説もある(Bowles 2006)。厳しい生活であったことを裏付ける証拠として、現在の人類の遺伝子配列は他の動物と比べて多様性が著しく乏しい、という事実が挙げられることがある。どういうことかと言うと、ホモ・サピエンスの個体数はある時期に激減しており、私たちはみな(少数のホモ・サピエンスの子孫として)類似した遺伝子を共有しているのである。

集団間の競合による淘汰も重要だったのかもしれないが、より影響力をもったのは集団内部での淘汰圧だったのだろう。特に大型動物を狩るようになると、集団内のメンバーが連携し合って協力行動をとる必要性が高まる。文化人類学者クリストファー・ボーム(Christopher Boehm)の所説によれば、人間は効率よく平等に肉を分け合い、利己的な逸脱者は集団から排除されていった(Boehm 2012)。自制ができずに裏切り行動をとる個体が集団内部で——おそらくは処罰やコミュニケーションを通じて——淘汰される一方で、自制能力のある遺伝子が生き延びることになったのだという。

▼ルールを支える心理的要素

人間の諸特徴が正確にどのような順序で進化してきたのかについては、はっきりしたことはまだわからない。しかし、次のような（少なくとも三種類の）心理的傾向がどこかの段階で発生し、文明が発達した後の社会的ルールの基礎にもなっている、ということは言えそうである。

一つ目は「同調」の傾向である。すなわち、「他の人がある行動をとっているから、それに従うのが適切だ」という感覚である（本書一四九頁 ***Column(5)*** を参照）。他の人の意思決定や行動を参考にしながら意思決定や行動を変更する、というのはよくあることだろう。「同調」と言うと若干ネガティブなイメージもあるかもしれないが、同調には進化上の利点があり、人間の文化の形成にも大きく寄与している。先例に基づくルール形成にも、この同調の要素が見られる。

二つ目は「互酬」の傾向、簡単に言うと「自分が扱われたように他者を扱う」ということである（⑰参照）。正の互酬性が反映している社会的ルールの例としては、互助や贈り物の慣習、恩や義理の規範などがある。他方、負の互酬性を反映しているルールの例としては、同害報復刑や中世ヨーロッパのフェーデ（親族集団間で行われる組織的な復讐）などを挙げることができる。

そして三つ目は「処罰」を下したいと思う傾向、ことに第三者の視点から処罰を行う傾向である（これについても⑰参照）。ルールから逸脱した行動は不公正であると考えられ、それを知った人の感情を強く喚起する場合がある。処罰にはさまざまな形態があるが、歴史上も現在も広く見られるのは「集団からの排除」である。生命刑はその一つだが、他にも法益剝奪の刑がかつては広範に存在していた。プロスクリプティオ（proscriptio：共和制ローマでの法益剝奪刑）、帝国アハト（Reichsacht：神聖ローマ帝国での法益剝奪刑）、ダムナティオ・メモリアエ（damnatio memoriae：記憶の抹消、記録抹殺刑）、アウトローリー（outlawry：法の保護外に置く旨の宣告）、そして流刑などはその例である。

ルールは集団と不可分なものとして発展しており、この点は私たちの感情にも染みついている。人類が比較的小さな集団の中で協力して生きてきたことを考えると、以上のような心理的要素を具備するようになったのは不思議ではない。

こうしたことを踏まえて私たちが気をつけなければならないのは、ともするとルール（とりわけ道徳的ルール）は偏狭（parochial）なものになりやすく、暴走する可能性もあるという点である。

▼ルールをルールで制す？

進化が人間の道徳などのルールを育んだのは確かだが、過剰な道徳ほど人間にとって害になるものもそうそうないだろう。道徳の盲信は社会の発展を妨げたり、寛容さを失わせたりする。また、自民族中心主義と結びついた道徳は集団間の対立を先鋭化させることもある。

生物の世界では一般に、協力的な種ほどグループ間の敵意が強くなる。人間の世界でも、心理的要素をそのままの形で反映したルールだけでは、集団同士の軋轢を招いて悲惨な状況をもたらしかねない。

しかし、私たちは自分の本能や感情に身を委ねっぱなしにしているわけではない。重い刑罰・私刑（リンチ）や逸脱者の排除は現在もなお広く見られるが、歴史的には、過酷さの程度は弱まっているようである。心理学者のスティーブン・ピンカー（Steven Pinker）は「人類の暴力や残酷さは時代を追うごとに減少している」と述べており，もちろん世界大戦のような例外はあるが，日々の生活で起こるような暴力は減ってきたと主張する（Pinker 2011）。

人間には，前記の性質だけでなく，「可塑性」と「社会的学習の能力」も備わっている。そうした性質を使って，私たちの祖先は，本能や感情に根差したルールが暴走するのを回避するための術を開発してきた。法制度の発展は，そのような試みの一つと捉えることができるかもしれない。つまり，ルールを別種のルールで制御する試みである。その意味で，生物としての進化とは別の形で社会的ルールが形成されてきた，と言うことができる。

社会的ルールは，人間を取り巻く環境を大きく変えることになる。なかでも，社会的ルールの発展と手を携えて発達した交換・取引のシステムは，人間の心に少しずつ影響を及ぼしていったと論ずる人もいる（Ridley 2010）。取引活動の拡大に呼応する形で，合理的な思考方法が浸透するとともに，利得という新しい概念が生まれる。おそらく，人々の認知構造が徐々に変化して，人々が満足できる事柄の範囲は変容してきているのだろう。

経済システムの発達と同時に，ルールそのものも発達して機能分化し，ルールは着実に精緻なものになる。精緻なルールは交換・取引をさらに促進する。そして，人々の考え方もまた環境に応じて変わっていく。

また，人々の交流の範囲が拡大するにつれて，ルールが集団の軛から解き放たれるという現象が見られるようになる。それに伴い，ルールが暴走するのを抑制する装置もだんだん増えていく（たとえば、人権の観念、自力救済や自救行為の禁止、罪と罰の均衡など）。

本節で書いたことは素描にすぎないが、人間が生物としての進化プロセスから「離陸」して、人間の心が独自の進化を遂げていることが示唆されるだろう。社会的ルールと一緒に、人々の考え方も、進化の道をちょっとずつ歩んでいるのである。

引用文献

・DAVID LEWIS, CONVENTION: A PHILOSOPHICAL STUDY, Harvard University Press（1969）

・Leda Cosmides, *The Logic of Social Exchange: Has Natural Selection Shaped How Humans Reason? Studies with the Wason Selection Task*, 31 COGNITION 187（1989）

・Martin A. Nowak, *Five Rules for the Evolution of Cooperation*, 314 SCIENCE 1560（2006）

・SAMUEL BOWLES & HERBERT GINTIS, A COOPERATIVE SPECIES, Princeton University Press（2011）

・Samuel Bowles, *Group Competition, Reproductive Leveling, and the Evolution of Human Altruism*, 314 SCIENCE 1569（2006）

・CHRISTOPHER BOEHM, MORAL ORIGINS, Basic Books（2012）［斉藤隆央訳『モラルの起源』（白揚社、二〇一四年）］

・STEVEN PINKER, THE BETTER ANGELS OF OUR NATURE, Viking Penguin（2011）［幾島幸子＝塩原

通緒訳『暴力の人類史(上)(下)』〔青土社、二〇一五年〕〕

・Matt Ridley, The Rational Optimist, Harper (2010)〔大田直子ほか訳『繁栄(上)(下)』〔早川書房、二〇一〇年〕〕

【*Concluding Remarks of Chapter 4*】

本章では、「社会的ルールを支える人間の心」に関するいくつかの論点をピックアップして叙述を進めてきた。社会規範や道徳という現象は、社会学・心理学・経済学・人類学・哲学などの人文・社会科学だけでなく、脳科学・認知科学・社会工学・進化生物学といった自然科学系分野の研究テーマともなってきた。その意味で、社会的ルールという謎は諸分野の結節点となっていると言える。

社会的ルールの内容はさまざまだが、その中でも最も議論の的になりやすいのは互酬性の規範である。程度の差こそあれ、どんな人でも互酬性に基づいた行動をとり、また、互酬性の現れと解釈できる規範はどんな社会においても見られる。したがって、互酬性は人間の心を特徴づけ、人々の間の協力行動、さらには社会の存立を可能にする重要な性質だと考えられる。

このことをもって、経済学の想定する合理的人間像「ホモ・エコノミクス（homo economicus）」を放棄し、それに代えて「ホモ・レシプロカンズ（homo reciprocans）」、つまり互酬性を行動指針とする人間像を前提として社会現象を説明すべきだ、との主張もある。しかし、一足跳びに人間像を挿げ替えてしまう前に、「ホモ・エコノミクス」でどこまで説明できるかを検討しておかなければならないだろう。

協力行動の存在を利己性の観点から説明する理論としては、生物学者ロバート・トリヴァーズ（Robert Trivers）による「互恵的利他主義（reciprocal altruism）」の理論が挙げられる。これは血縁関係にない個体同士の協力行動を説明するための理論であり、簡単に言うと、「協力行動を促すのは、『お互いさま』の関係に基づく長期的な利益である」というものである。互恵的利他主義は後で述べる「間接互恵性」との対比で「直接互恵性（direct reciprocity；直接互酬性）」とも呼ばれている。

互恵的な関係（つまり正の互酬性が見られる関係）では、個体は供益者と受益者の役割を交代で行う。お互いに利益を与え合ううち、どちらの個体も長期的にはコストを上回る利益を得ることになる。それゆえ、互恵的な関係を取り結ぶ戦略をとれる個体は進化プロセスにおいて有利になる。

この互恵的利他主義が発達するためには、次の三つの条件がすべて満たされていなければならない。注意すべきなのは、これらは十分条件ではなく必要条件だという点である。

(1) 個体が相互交流する機会があること

(2) 援助したり、援助されたりしたことを記憶できること

(3) 個体を識別し、自分を援助してくれた個体だけを援助できること

いずれの条件も不可欠だということは納得できよう。(2)と(3)はそれなりの認知能力を要求する条件だが、人間を含む霊長類の場合、これらの条件は満たされているのではないかと考えられている。

ただし、互恵的利他主義は直感的なもっともらしさにもかかわらず生物界での実例に乏しいうえ、大規模な人間社会で観察される協力行動も十分には説明できない、という批判もある。「強い互酬性」の論者が主張するとおり、人間は互恵的利他主義の予測よりもずっと「超社会的」なのである。

現在では、併存するいくつかのメカニズムが協力行動を促進したのだ、という考え方が有力になっている。裏切り行動が将来の自身の利益を減じる（結果的に協力行動のほうが得になる）ということが別のメカニズムで可能になるならば、互恵的利他主義のみに頼る必要はない。たとえば、AさんとBさんが交流したときにAさんが裏切り行動をとったとしよう。この交流に関する情報がCさんに伝わると、Cさんは「Aさんに対して同じ裏切り行動をとって痛い目に遭わせてやろう」と考えたり、「裏切る傾向のあるAさんに対しては、自分も裏切り行動をとっても構わないだろう」と考えたりするかもしれない。

逆に、AさんがBさんに対して過去に協力行動をとっていれば、それを聞いたCさんが「Aさんに対して協力行動をとってあげよう」と思う場合もあろう。他の人を利する行為は、めぐりめぐって自分を利することにもなる（「情けは人のためならず」）。

これも「他者に対してある行動をとるとお返しがくる」という意味で一種の互酬性の形をとっているが、直接

互恵性のケースとは違い，お返しをする人が当事者本人ではなく第三者になっている。このようなメカニズムでは，情報の共有が重要な役割を果たす。

過去の行動に関する情報をメンバー間で共有することを通じて達成されるこのようなタイプの互酬性を「間接互恵性（indirect reciprocity）」と呼ぶ。言い換えれば「評判」のメカニズムである（⑲）。

あるいは，誰と交流するかがランダムになっておらず，空間構造ないし社会ネットワークが存在して誰と交流するかがある程度決まっている状況でも，協力行動は進化しやすくなる。これは「ネットワーク互恵性（network reciprocity）」と呼ばれる（⑳も参照）。

このように見ていくと，協力行動を促したのは人間の生来の性質だけでなく，人間自身が作ってきた環境も協力行動の促進に寄与しており，制度が大きな役割を果たしてきたことが推測される。人間の性質と環境はお互いに影響を及ぼし合いながら共進化している。制度が用意する環境は，人間の性質を部分的に形成してもいるのである。

そうだとすると，法制度も人間の性質を形成していて，法などの社会的ルールには人間を知るための材料が重層的に織り込まれている，と言ってもあながち間違いではないだろう。人々の協力行動を確保して社会をよりよいものにしようという人々の意志が，法の中には伏在している。そう思えば，冷たそうな条文たちも温かいものに感じられるかもしれない。

【*Questions*】

□ 市場原理が優勢な生活領域と，「共同体の論理」が優勢な生活領域をそれぞれ列挙し，その相違点および類似点について述べてください。

〔参考〕神取道宏『ミクロ経済学の力』（日本評論社、二〇一四年）

□「社会規範」（⑯参照）と「法」はどのような点で連続性があり、どのような点で異なっているでしょうか（公的機関による強制の有無以外で）。社会規範と法の両方が関係する具体的な場面を素材として考えてみてください。

□⑳で「過剰な道徳ほど人間にとって害になるものもそうそうないだろう」と書いていますが（本書二〇二頁）、その具体例を挙げてください。また、私たちにとって害になると考えられる「過剰な法的規制」の例も挙げてください。

Chapter

5

第五章

人間＝社会的動物の心理

【*Introduction*】

前章では、社会的ルールと人間の心理の関係を長いタイムスパンの中で位置づけてみた。この話を、本章ではもう少し身近な事柄に引きつけて考えてみることにする。

本章の内容に強く関連するのは、心理学（特に認知心理学・社会心理学）および社会学である。本書は個人の意思決定から話を始めて、社会における集合的帰結について説明してきた。ミクロ・レベルからマクロ・レベルへと遷移してきたわけだが、ここでは再びミクロ・レベルへと戻り、前章までの記述を基礎として「マクロ（社会）を背景とするミクロ（心理）」について考えてみたい。

人間は進化のプロセスの中で社会的な動物としての性質を具備するようになった。本章の各節の根底にあるのは、そのように形成された心理機制が現在の社会や法制度においてどのような意義をもっているのか、という問いである。もとより体系的な記述ではなく、特に第三章までのテーマと関連する概念（すなわち経済学と関わりのある概念）をいくつか選び出しているにすぎない。

ここではまず、心理学で議論されている認知バイアス（㉑）やフレーミング（㉒）などを取り上げ、その後、次第に社会学の範疇に属するテーマ（㉓～㉕）へと重点を移していく。

㉑ 認知バイアス

合理性からの系統的乖離

▼逃れがたき後知恵

過失責任を認定する際の判断基準として、「ハンドの定式（Hand formula）」というものがある。この定式を著名にしたのは、United States v. Carroll Towing Co., 159 F. 2d 169（2nd Cir. 1947）という事件であった。

栈橋に係留されていた艀《はしけ》（荷船）を別のタグボートの乗務員がいったん外して留め直したが、その直後に艀が係留から離脱したため、艀に積載されていた積荷が滅失してしまった。積荷の所有者だったアメリカ合衆国政府は、タグボートの船主に対して損害賠償を請求した。

判決の中で、第二巡回区連邦控訴裁判所のラーニド・ハンド（Learned Hand：1872-1961）裁判官は、過失の判断基準について次のように述べている。

「事故を回避するための費用」（B）と、「事故が発生する確率」（P）と「事故による損失の重大性」（L）の積との大小関係によって、過失の有無が決せられる。前者が後者よりも小さければ、つまりB＜P×Lであれば、事故を防げる立場にあった人には過失が認定される。逆に、BがP×Lよりも大きければ、注意義務を果たしたと判断される。

そうすると、簡単に事故を回避できるときには、相当の注意を払うインセンティブを当事者に与えることができる。他方で、損害の期待値が小さい事故を回避するために過大な支出を行うことを要求しなくてすむ。

この定式でまず気になるのは、各項目をどのように算定するかであろう。損失の重大性を数値化する難しさもさることながら、事故が発生する確率を正しく見積もるというのはかなり困難な課題である。しかも、裁判の場では事故の発生確率を事後的に見積もることになるがゆえに、エラーが入り込みやすい。

事故が起きた後では、発生確率は高く見積もられがちになる。ひとたび事故が起きて因果関係が明らかになると、私たちは「結果は予測できたはずだ」と考える傾向をもっているのである。これを心理学用語で**後知恵バイアス**（hindsight bias）と言う。原因となりうる行為や要素はあったが事故は起こらなかった、という事例を無視したりその頻度を低く見積もったりするのが後知恵バイアスの一因である。

裁判は、主として事後的な判断によって構成されている。もし後知恵バイアスが法的手続においても除去できずに残るとすれば、過失は認められやすくなるだろう（前記の訴訟でも過失が認定された。ちなみに、ハンドの定式はタグボートの船主ではなく艀の船主の過失を判定するのに使われている）。

過失責任以外にも、後知恵バイアスが影を落としそうな法律問題は多々ある。たとえば特許法二九条によると、同じ分野の専門家が先行技術に基づいて容易にその技術を発明することができたと言える場合には、特許を受けることができない。後知恵バイアスがあるとこの「進歩性の要件」が否定されやすくなるので、バイアスを排除するためのしくみが求められることとなる（深沢二〇一三）。

▼認知バイアスいろいろ

人間の認知や判断が不完全であることは言うまでもない。私たちは、およそ合理的とは言えない意思決定をしばしば行う。ここで興味深い点は、大半の人たちに共通する誤り方の傾向——系統的（システマティック）なエラー——がある、ということであろう。こうした認知や判断の偏りのパターンは、**認知バイアス**（cognitive bias）と総称されている。

後知恵バイアスは認知バイアスの一例であり、他にも以下のようなバイアスがある（法律と関わりが深いと考えられるバイアスのうち、主なものに絞ってある。これまでに発見・提唱されているバイアスは、すでに何十種類にものぼる。関心のある方は、英語版ウィキペディアの List of cognitive biases の項目を参照されたい〔二〇一五年一二月現在〕）。

(1) **結果バイアス**（outcome bias）：過去の意思決定の質やプロセスに関する評価が、実際に生じた結果によって左右されてしまう、というバイアス。悪い結果が起こった場合には、たとえ偶然の要素が大きく寄与していたとしても、意思決定が悪かったと評価されやすくなる（スポーツの試合についての感想でよく聞かれる）。ある事件や異変が起きた後に「関係者や周囲の人たちが兆候を見逃していた」とコメントされることがあるが、おそらくこのバイアスがかかっているケースもあるだろう。

(2) 確証バイアス（confirmation bias）：自らの信念や仮説に沿った証拠だけを拾ったり、都合の良い形で情報や状況を解釈したりする、というバイアス。対立した意見をもつ二人の人にまったく同じ事実を示しても、双方とも「自分に有利な証拠が得られた」と思って意を強くする、という事態を生むこともある。紛争を解決するために当事者同士が交渉を行う場面では、このバイアスが交渉を阻害しうる。

(3) 現状維持バイアス（status quo bias）：現在の状態を基準線として設定し、そこからの変化を損失とみなす、というバイアス。「深刻な問題がない限り、今のままで構わない」と考える傾向にもつながる。また、自分が所有している物を高く評価してなかなか手放そうとしないという「賦与効果（保有効果または授かり効果：endowment effect）」もこのバイアスから派生しているとされる。

(4) アンカリング（anchoring）：特定の情報や数値（特に、初めに与えられた情報や数値）に過度に気を取られ、そちらに引きずられてしまう傾向を指す。明確な基準が存在しないのに何らかの判断を行わなければならない状況（量刑判断や精神的損害の算定などが例）では、特別な根拠のない情報や無関係な数値であっても判断に影響を及ぼすことがある（Englich *et al.* 2006）。

▼社会的に維持されるバイアス

認知バイアスは、人間の情報処理システムが客観的な証拠から主観的な見積もりを形成する過程で発生するエラーである。

こう書くともっぱら個人の認知の問題のように思えるかもしれない。しかし、人々の間の相互作用が認知バイアスを持続あるいは助長させていることはよくある。具体的には、周囲の人々とのコミュニケーションを通じて、場合によってはフォーマルな制度を通じて、認知バイアスが維持されたり増幅されたりしている。

身近な例として、血液型による性格診断を考えてみよう。血液型と性格との関連は科学的に証明されていないが、それでも血液型性格分類は日本の社会で広く流布した考え方である。近年取り沙汰された「ブラッドタイプ・ハラスメント」は、血液型と性格との間に関連があるという信念が根強く残っていることを示している。

科学的根拠がないにもかかわらず、どうして血液型性格分類は廃れていないのだろうか。一つには、個人が自分の信念に合致する情報を選択的に認知しており（確証バイアスはその例）、血液型のステレオタイプに当てはまる事例が記憶・想起されやすい、という点が挙げられる。それと同時に、人々のコミュニケーションにおいて血液型に関する話題が登場するために、血液型に焦点を当てた認知がなされやすくなっている、という事情もある。

なぜコミュニケーションの中で血液型の話が出てくるのかと言うと、それが対人関係の理解に役立つと考えられており、話そのものが一種の関係促進機能を備えているからであろう（池田一九九三）。血液型に限らず、人々をいくつかのカテゴリーに分類することは、複雑な人間社会がすっきりと理解できるかのような錯覚をもたらす。さらに、相手がとっている前提に自分も乗ることで意味の共有が実現し、社会的な「リアリティ」が作り出される。

このリアリティが一定の閾値に達すると、血液型性格分類を本気で信じていない人でさえも巻き込むようになる。マスメディアが血液型についての情報を流したり、血液型を参考にした人事を行う会社や組織が出てきたりすれば、あたかも血液型性格分類に正当性があるかのような雰囲気も出てくる。かくして、個人の認知バイアスはより強化される。

認知バイアスの一部は、選択肢の提示方法やインセンティブの与え方など、ちょっとした工夫で解消することがある（Thaler and Sunstein 2008）。しかし、認知バイアスは純粋に個人的なものというわけではない。社会内過程に根を張る有害な認知バイアスに対処するには、また違った方策を考える必要がありそうである。

▼バイアスで維持される社会？

「バイアス」の語はネガティブな印象を与えるが、認知バイアスに悪い面しかないということでは決してない。認知バイアスが残り続けるのにはそれなりの理由がある。

認知バイアスは、人間が効率的に認知資源を利用していることの結果である。私たちは、合理的に緻密な計算を四六時中行いながら生活していくことはできない。そこで私たちが日ごろ用いているのは、「厳密には違うかもしれないが、だいたい合っている」という答えを導くための簡便な解法である。この解法は**ヒューリスティクス**（heuristics）と呼ばれており、認知バイアスはその副産物と位置づけられる。個別の意思決定状況ごとに見るとたしかに非合理的ではあるが、全体として見れば合理的な方略だと考えられる。

人間の認知バイアスの機能をさらに積極的に捉えることもできる。私たちが主観的に描いている世界は、現実の世界の細部を削ぎ落としたものであるとともに、実際よりも良く（自分にとって都合良く）デフォルメされたものでもあることが多い。つまり、認知バイアスがあることで、私たちは辛い環境に置かれてもなお楽観的でいられたり、日々の些事を抜きにした明るい未来を信じ込んだりできる。そう考えると、認知バイアスは私たちの精神的健康に資する装置だと言えるのかもしれない。

これはまったくの荒唐無稽な主張というわけではなく、抑うつ傾向がある人ほど将来のことを正確に予測できる、という研究が存在する。この説は「抑うつリアリズム（depressive realism）」と名づけられており、その当否をめぐっては今も議論が続けられている（古典的研究として、Alloy and Abramson 1979）。

認知バイアスは、こうした個人的な幸福度の増大のみならず、社会における効率性の増大にも寄与する場合がある。たとえば、Xさんがある犯罪を実行するかどうかを考えているとしよう。仮にXさんが近視眼的（または衝動的）だとすると、その犯罪に走ってしまう可能性がある。だが、逮捕される確率をXさんが実際よりも高く見積もっているとすれば、Xさんが犯罪の実行を選択するのをある程度は防ぐことができよう。

そして、逮捕される確率をもっと高く見積もっていれば、犯罪を実行するか否かを真剣に考えたり計画したりするという労力も最初から使わなくてすむ。このような労力は社会的には無駄なので、逮捕される確率を高めに見積もるバイアスを人々が有していれば、効率性は上昇することになる（Pi 2013）。

もし認知バイアスが有益なのだとすると、それを活用した法政策――わざわざバイアスを付与する点には違和感もあるだろうが――もありうる。と言うより、認知バイアスのおかげで現実の法制度が成り立っているという面もある。

「バイアス」と表現すると、何か正しいものが唯一あってそこから偏っている、というようなイメージになる。しかし私たちは、何が正しくて何がバイアスなのかはそれほどよく理解していないようにも思われる。

Column(8) 所有の心理

「賦与効果（endowment effect）」は、法学で最も議論されている認知バイアスの一つである。簡単に言うと、「同じ物であっても、自分が所有している場合はその物に対する主観的な評価額が高くなる」という効果を指す。

ある人が特定の財に対して支払う用意のある最大限の金額をＷＴＰ（willingness to pay：支払意思額）、特定の財を手放すに際して要求する最低限の金額をＷＴＡ（willingness to accept：受入意思額または受取意思額）と呼ぶ。テクニカルに言うと、賦与効果とはこのＷＴＡがＷＴＰを上回る現象のことである。

なぜこのような現象が見られるのかについては諸説あり、また、どれほど頑健で広範に観察される現象なのかについても争いがある（たとえば、条件や文脈を変えると賦与効果が小さくなる場合がある）。

法学で賦与効果が議論されてきた理由の一つは、コースの定理（⑭）の成立可能性や含意に影響を及ぼすと考えられる点にある。つまり、賦与効果が存在して当事者が自己の権利を高く評価しがちだとすると、たとえ取引費用が小さい状況であっても、効率的な取引がなされないというケースが出てくると予想される。

もしちょっとしたことで賦与効果が生じたり生じなかったりするものだとすれば、法制度の設計のしかたによって取引の多寡は変わりうるだろう。この点の詳細については、Korobkin (2003) を参照。

引用文献

・深沢正志「進歩性の客観化」パテント六六巻一三号（二〇一三年）四一頁

・Birte Englich, Thomas Mussweiler & Fritz Strack, *Playing Dice with Criminal Sentences: The Influence of Irrelevant Anchors on Experts' Judicial Decision Making*, 32 Pers. Soc. Psychol. Bull. 188（2006）
・池田謙一『社会のイメージの心理学』（サイエンス社、一九九三年）
・Richard H. Thaler & Cass R. Sunstein, Nudge, Yale University Press（2008）〔遠藤真美訳『実践 行動経済学』（日経BP社、二〇〇九年）〕
・Lauren B. Alloy & Lyn Y. Abramson, *Judgment of Contingency in Depressed and Nondepressed Students: Sadder But Wiser?*, 108 J. Exp. Psychol. Gen. 441（1979）
・Daniel Pi, *Using Bounded Rationality to Fight Crime*, available at SSRN 〈http://ssrn.com/abstract=2214504〉（2013）
・Russell B. Korobkin, *The Endowment Effect and Legal Analysis*, 97 Nw. U. L. Rev. 1227（2003）

主要参考文献

・Ward Farnsworth, The Legal Analyst, University of Chicago Press（2007）
・Daniel Kahneman, Thinking, Fast and Slow, Farrar, Straus and Giroux（2011）〔村井章子訳『ファスト&スロー（上）（下）』〔早川書房、二〇一二年〕〕

㉒ フレーミングとアナロジー

抽象化と具体化の往復

▼問題をどう捉えるか

あなたが野球観戦に行くとしよう。次の二つのケースを考えていただきたい（Kahneman and Tversky 1984）。

【ケース1】　五〇〇〇円の指定席をインターネットで予約した後、コンビニエンスストアに行ってチケットを一枚手に入れた。そしてそのチケットを、すでに五〇〇〇円札が一枚入っている自分の財布に入れた。だが球場に着いてみると、財布の中には五〇〇〇円札しかない。どこかでチケットを落としてしまったらしい。探しに戻る時間はとてもなく、再発行もできない。さて、あなたは財布の五〇〇〇円を払って新しいチケットを買うだろうか。

【ケース2】　五〇〇〇円札が二枚入っている財布を持って、球場に向かった。五〇〇〇円の指定席のチケットは現地で買うつもりである。だが球場に着いてみると、財布の中には五〇〇〇円札が一枚しかない。どこかで五〇〇〇円札を落としてしまったらしい。探しに戻る時間はとてもなさそうだ。さて、あなたは財布の五〇〇〇円を払ってチケットを買うだろうか。

判断がケース1とケース2で異なる、という方もおそらくいらっしゃるだろう。筆者が授業中に尋ねてみたところ、二〇一人中四九人（約二四パーセント）がケース1で「買わない」、ケース2で「買う」と答えた（ちなみに、ケース1で「買う」、ケース2で「買わない」と答えた学生も九人いた）。

しかし、二つのケースで異なる判断を下すのは、二重の意味で「非合理的」な判断だと考えられる。第一に、紛失してもう戻ってこないものはサンクコスト（③参照）にすぎず、現在の意思決定においては無視すべきである。チケット一枚に一万円をはたいて損した気に（特にケース1では）なるかもしれないが、考えるべき問題は「今持っている五〇〇〇円を払ってチケットを買うかどうか」であり、したがって両ケースは同一の問題状況である。

第二に、たとえ過去の出来事が現在の意思決定を左右するとしても、どちらのケースも紛失したものは「五〇〇〇円の値打ち（市場価値）がある紙」である。この点でも前記二つのケースは同等である。それなのに、紛失した紙がチケットなのか紙幣なのかによって判断が揺らぐことがある。

両ケースで同じ判断を下した人であっても、判断の理由を詳しく聞いてみると、別々の理由を挙げている場合もあった。ケース1で「せっかく労力を使ったのだから買う」、ケース2で「五〇〇〇円を落としたのは関係ないから買う」、と答えるのがその例である。少なくとも半数近くの学生には、二つのケースは異質な問題状況と認知されていたようである。

▼フレーミング効果

問題の提示のしかたによってどの選択肢が好ましいかについての判断が変わることを「フレーミング効果（枠づけ効果：framing effect）」と言う。この現象は㉑で扱った認知バイアスの一つとされており、エイモス・トヴァスキー（Amos Tversky：1937-1996）とダニエル・カーネマン（Daniel Kahneman）が心理学実験を通じて示した現象であった。彼らがとりわけ注目したのは、個人が利得と損失をどう認知するかという問題である（Tversky and Kahneman 1981）。

人は一般に、「損失」や「失う」といった言葉に強く反応する。以下の(A)と(B)の質問を考えてみよう。

(A)「一〇パーセントの確率で九五〇〇円もらえるが、九〇パーセントの確率で五〇〇円失う」という賭けに参加しますか？

(B)「一〇パーセントの確率で一万円もらえるが、九〇パーセントの確率で何ももらえない」というくじを五〇〇円で買いますか？

金銭のやりとりに関する限り、(A)と(B)が言っていることはまったく同じである。にもかかわらず、「はい」と答える人の割合は(B)のほうが高くなる。(A)の五〇〇円は単なる損失として捉えられるのに対し、(B)の五〇〇円は何かのための費用または対価として捉えられるので、前者は後者よりも心理的抵抗が大きい。仮に宝くじを(A)のように表現すると、目的物としての「夢」の入る隙がなくなり、購入者数はたぶん減るだろう。

フレーミングによって判断の違いが生じているときは、脳の働き方にも違いが見られる。脳神経科学の実験によると、個人の判断がフレーミングに影響されている場合には感情的刺激と関連する扁桃体（amygdala）という部位が活性化し、反対に、フレーミングに影響されていない場合には感情の抑制・調整や推論と関連する部位（帯状回や前頭葉）が活性化するのだという（Kahneman 2011）。つまり、言葉によって喚起された感情がフレーミングに関係しているらしい。

フレーミングがいかなる過程を経て発生し、どのように意思決定に作用するかを知るためには、前記の脳神経科学の実験のような「理科系」的アプローチだけでなく、「文科系」的なアプローチも有益である。

項を改めて、フレーミングが文化に依存することを如実に示す例として、⑱で説明した最後通牒ゲームの実験を取り上げよう。

▼最後通牒ゲームの認知

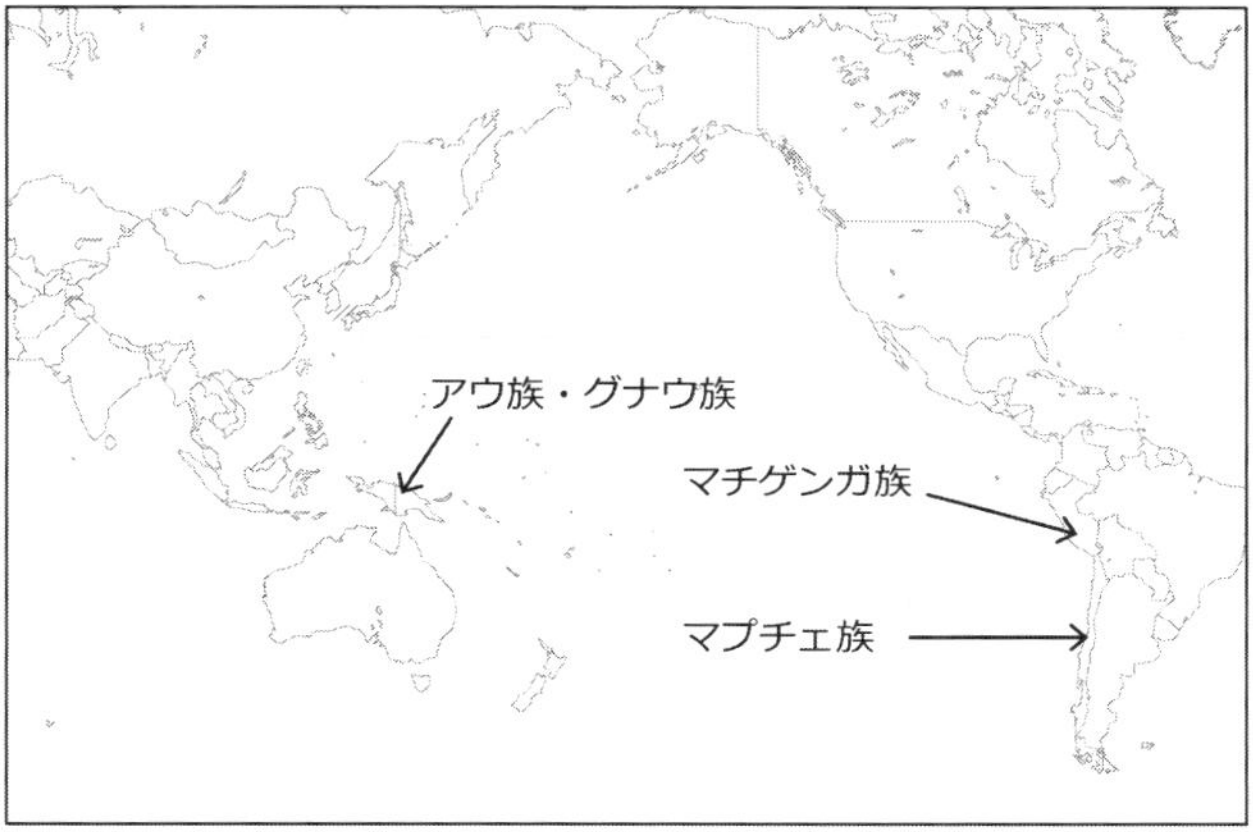

最後通牒ゲームは、提案者（X）のオファーを回答者（Y）が承諾すればX・Yはそのオファーどおりの金額を得ることができ、Yが拒否すれば両者ともに何も得られない、というゲームであった。理論上最も「合理的」とされるXのオファーは、Yにほんのちょっとだけ分け与えて残りは全部自分がもらう、というオファーであり、「合理的」なYはそのオファーを承諾する。しかし実験をしてみると、通常のXは四〇～五〇パーセントをYに与える。Yのほうも、自分に渡される額が少なければ拒否をしてくる。

欧米や日本などの先進国で最後通牒ゲームを行うとたいてい今述べたような結果になるが、文化が変わると大きく異なる結果が観察されることがある。人々の協力行動を研究しているジョセフ・ヘンリック（Joseph Henrich）らは、世界のさまざまな場所で最後通牒ゲームを実施し、欧米の人たちとまったく違う意思決定をする文化があることを明らかにしている（Henrich *et al.* 2004）。

極端な例は、ペルーの熱帯雨林に暮らすマチゲンガ（Machiguenga）族である。マチゲンガ族の人たちに最後通牒ゲームをプレーさせてみると、提案者（X）は平均で二五パーセント程度しか相手方（Y）に渡そうとしなかった。しかも最も多いオファーは約一五パーセントであり、これは先進国における実験ではまれにしか見られない低いオファーである。

そして相手方であるYも、ほとんどの場合にそのような不均等なオファーを承諾した。この点も先進国とは対照的である。先進国では二〇パーセント未満のオファーはほぼ拒否される（なお、金額の大小はオファーや拒否率とはあまり相関がないことが知られている）。

つまりマチゲンガ族は、先進国の人たちよりも経済理論の予測に近い行動を見せるのである。また、チリ中南部からアルゼンチンに居住するマプチェ（Mapuche）族も、マチゲンガ族ほどではないが、「合理的」な意思決定が多く見られる（具体的には、Yの拒否率が低い）。

マチゲンガ族・マプチェ族とは反対に、パプアニューギニアのアウ（Au）族とグナウ（Gnau）族の場合、半分を上回る大きな金額を相手に与えようとするプレーヤーが散見された。そして意外なことに、大きな金額のオファーであっても高い確率で拒否された。こちらは、経済理論で予測されるものとは似ても似つかぬ意思決定である。また、先進国の人たちともずいぶんと違う意思決定でもある。

これらの実験結果は一見不可解にも思える。だが、それぞれの社会の特徴を考慮すれば理解しやすくなる。マチゲンガ族は自給自足の生活を送っており、各家族の自立性がきわめて高い。言い換えると、協力行動がなくても暮らしていけるのである。赤の他人に頼るということがほとんどないため、見知らぬ人との最後通牒ゲームで「合理的」な行動をとっても、何ら後腐れもない。

一方、アウ族とグナウ族の社会には贈り物を交換しあう慣習があり、寛大な贈り物をする人は高い評価を受ける。それと同時に、物を受け取った人は返礼の義務を負うことになり、贈り主に対して従属的な地位に置かれる。アウ族とグナウ族の人たちにとっては、実験者の渡した金銭が将来の義務を伴うもののように映ったらしい。そのため、なるべく自分の懐に金銭を入れないという行動へと導かれたのである。

▼アナロジーと法の密接な関係

最後通牒ゲームに臨むプレーヤーは、自分が経験したことのある場面、あるいは知っている場面との共通点を探して意思決定を行っている。言い換えると「アナロジー（類推）」を用いて意思決定をするということであり、これは新奇な場面に遭遇したときに私たちが使う常套手段になっている。法的な意思決定も例外ではない。と言うよりもむしろ、アナロジーが縦横無尽に活躍してきたのが法の世界であろう。法的推論がアナロジーと深く関わっているという事実は、さまざまな分野の論者によって指摘されてきた。

社会学者マックス・ヴェーバーの遺稿集『経済と社会』には、近代の合理的・形式的・一般的な法体系と対比させる形で、アナロジーに基づく判断が法実務で果たしてきた役割を強調する記述がいくつか出てくる。また、アメリカの法学者エドワード・レヴィ（Edward Levi：1911-2000）も、

「法的推論の基本パターンは、事例による推論である。……まず、第一の事例と第二の事例の間にある類似性が確認される。次に、第一の事例に内在する法的ルールが示される。そして、その法的ルールが第二の事例にも適用できるものとされる」と述べている（Levi 1949）。

擬制もアナロジーの一種と言ってよい。たとえば、会社などの組織が単独の個人と類似したものと仮定され、私たちはしばしば法人を自然人と同列に論じる（企業の不祥事が明るみに出ると、個人が不祥事を起こした場合と同様の反応をする）。電気、名誉、知的財産といったものを物理的な「物」になぞらえる。親に命じられて盗みを働いた幼い子を親の「道具」になぞらえる。さらには、奴隷が「動物」になぞらえられていた時代もある。

どのようなアナロジーを使うかによって、適用されるルールは違ってくる。コンピュータ・プログラムは単なる記号の集積にすぎないのだろうか、それとも本と同じような著作物なのだろうか。人工妊娠中絶は殺人と似た行為なのか、臓器の摘出と似た行為なのか、あるいは治療と似た行為なのか。喫煙は人を傷つけるのと同じ行為なのか、自動車が排気ガスを排出するのと同じ（有害だが通常は我慢すべきとされる）行為なのか、それとも、薬品を服用するのと同じ行為なのか。

もちろん、アナロジーは論理的な正しさを保証する推論方法ではない。けれども、いかなるアナロジーを採用するかで法的議論の説得性は高くなったり低くなったりする。そして、どのアナロジーが適切と考えられるかは、時代、場所、知識量、技術水準などによって変わってくる。

フレーミングやアナロジーが法的な意思決定や法の動態に対してどのように作用してきたか。この問いに答えようとすると、感情と論理のせめぎ合いの一断面が見えてくるかもしれない。

引用文献

・Daniel Kahneman & Amos Tversky, *Choices, Values, and Frames*, 39 Am. Psychol. 341（1984）

・Amos Tversky & Daniel Kahneman, *The Framing of Decisions and the Psychology of Choice*, 211 Science 453（1981）

・Daniel Kahneman, Thinking, Fast and Slow, Farrar, Straus and Giroux（2011）〔村井章子訳『ファスト&スロー（上）（下）』〔早川書房、二〇一二年〕〕

・Joseph Henrich, Robert Boyd, Samuel Bowles, Colin Camerer, Ernst Fehr & Herbert Gintis, Foundations of Human Sociality, Oxford University Press（2004）

・Edward H. Levi, An Introduction to Legal Reasoning, University of Chicago Press（1949）

主要参考文献

・松浦好治『法と比喩』〔弘文堂、一九九二年〕

・Keith J. Holyoak & Paul Thagard, Mental Leaps, MIT Press（1995）〔鈴木宏昭＝河原哲雄監訳『アナロジーの力』〔新曜社、一九九八年〕〕

・Ward Farnsworth, The Legal Analyst, University of Chicago Press（2007）

㉓ 感情

脳と社会の共同作品?

感情を司る脳

前節(㉒)の最後のところで「感情と論理のせめぎ合い」と書いた。こう書くと、論理(logic)や理性(reason)――抽象的に言えば「理」の領域――が、あたかも感情を排した冷徹な思考に基づいているかのように聞こえるかもしれない。しかし実際には、⑰でも触れたとおり、「理」の領域と「情」の領域(感情、情動、情念など)は不可分の関係にある。

人間の感情については、わからないことがまだまだたくさんある。だが、脳機能に関する研究(とりわけ脳の血流の変化などを調べる脳機能画像研究)は、人間の思考や行動において感情がどのような役割を演じているかを検討するための手がかりを間断なく与えてくれる。感情の生起メカニズムやその繊細な働きについての理解は、近年になって大幅に進んだと言ってよい。

感情を司る脳部位として重要なのは、前節でも言及した「扁桃体(amygdala)」と、前頭葉前頭前皮質にある「前頭眼窩野（眼窩前頭皮質：orbitofrontal cortex）」である。

前者の扁桃体は側頭葉内側の奥に位置する神経細胞の集まりで、情動反応の処理、快・不快や好悪の判断と関連している。生物が生きていくには、自分にとって有害なものを速やかに察知する（具体的には、食べてはいけないものを識別したり、捕食者を検知したりする）能力が重要になる。この機能を担っているのが扁桃体である。扁桃体は高等脊椎動物の脳に備わっているが、人間の扁桃体には独特と思われる機能がある。

人間は他者とのつながりの中で進化してきた。つまり、人間を取り巻いているのは物理的環境や他の動物だけでなく、自分以外の人間も含まれる。と言うより、自分の生存を決定づけるのは周囲の他者である。このような社会的環境への適応を反映して、人間の扁桃体は、他者の恐怖、喜び、悲しみなどの表情にも素早く反応するようになっている（Breiter *et al.* 1996）。

後者の前頭眼窩野は、前頭前皮質にありながら扁桃体と密接に結びついている部位である。前頭前皮質は主として思考や言語などの高次の認知行動・社会的行動に関連していると考えられており、行動選択肢を評価する能力や、目標に向けて計画を立てたり遂行したりするといった能力もこの部位が司っている。

その意味では「理」に関わる部位だと言えるが、前頭眼窩野は「情」にも深く関わり、感情的な刺激を統合してそれに対する反応を監視・制御する機能を担っている、と考えられている。

⑰で紹介したダマシオの患者エリオットが手術で切除されたのは、この前頭眼窩野であった。扁桃体との連絡路が絶たれたエリオットは、知性は正常なままであったのにもかかわらず、社会活動

に必要な判断ができなくなってしまったのである。

▼向社会的行動を促す感情

脳の内部では、「理」と「情」がはっきりと分けられているわけではない。それと同じく、現実の人間行動を考えてみても、両者の分水嶺がどこにあるのか、あるいはそもそもそんな分水嶺があるのかどうか、よくわからなくなる場合がある。

例として、囚人のジレンマや社会的ジレンマ（⑦参照）で描写されるような状況を考えてみる。さて、ここで裏切りを選択するという行動は、果たして「理」と「情」のどちらに基づいているのだろうか。協力行動についても同じ問いを投げかけることができる。

もし利得が単にその人の欲求を表しているのだとすると、裏切りが「情」、それを控える協力行動が「理」、という構図になりそうである。言い換えると、欲求のままに行動すれば裏切りのほうに傾くが、理性が働けば他者の立場を慮って協力する、という構図である。

しかし、囚人のジレンマを利用した実験研究では少し違った構図が現れてくる。囚人のジレンマをプレーしている人の脳をｆＭＲＩ（機能的核磁気共鳴断層画像法：脳が活動しているときの血流の変化を画像化する方法の一つ）で観察すると、自分と相手の双方が協力して高い利得を得たときに、前頭眼窩野および線条体（striatum：⑰も参照）が活性化する、との実験結果が報告されている（Rilling *et al.* 2002）。線条体は快の感情と関連する部位であるから、協力行動によって人は快感を得ているということになる。

この実験結果は、第四章（⑰・⑱・⑳）で述べたこととも整合的である。すなわち、協力行動ないし向社会的行動（prosocial behavior）は生得的にプログラムされた感情に支えられており、そうした感情は人間が生き延びる過程で獲得してきたものである。

改めて言うまでもなく、向社会的行動は「情」のみによって導かれているのではない。たとえば、現実の意思決定場面では囚人のジレンマのように利得があらかじめ定まっているわけではなく、自分で選択肢を発見・評価しなければならない。したがって、実生活上の向社会的行動には、線条体や前頭前皮質をはじめとする脳部位の複雑な相互作用がおそらく関与しているのだと思われる。

さしあたり、このようには言えるだろう。「理」の中身は、タイムスパンや問題の切り取り方に応じて変わってくる。世の中にはさまざまな「理」が存在するが、ある種の「理」は「情」にすでに埋め込まれている。

▼許される感情と許されない感情

人間の社会性を支える感情の話になると、感情がたいへん素晴らしいものであるような気がしてくる。けれども、同じ扁桃体や前頭眼窩野を起源とする感情であっても、社会に負の影響をもたらしかねない感情ももちろんある。

正の影響にしろ負の影響にしろ、社会が感情によって作られるという面はたしかにある。だがその一方で、社会が感情を管理したり鋳型にはめ込んだりしている、という側面を見落としてはならないだろう。多かれ少なかれ、感情は社会的に形成されてもいる。

感情社会学と称される分野を切り拓いたアーリー・ホックシールド（Arlie Hochschild）は、「私たちが気分や感情に関して内在的だとみなしているものは常に社会的な形態へと作り上げられ、人々に利用されてきたとも考えられる」と述べる（Hochschild 1983〔訳一八－一九頁〕）。感情は自然に心から湧出するままになっているのではなく、社会において共有されているルールに従っている。このようなルールをホックシールドは「感情規則（feeling rules）」と呼んでいる。

愛憎、憤怒、嫉妬、悲嘆、歓喜など、感情にはきわめて多種のものがあるが、それぞれ一定のルールに沿った形で表出される。その場にふさわしい感情とそうでない感情があり、感じるべき感情と現に感じている感情との間にずれが出てきた場合には、私たちは感情を操作しようとする。知り合いが試験で不合格となったという知らせを聞いたとき、残念がったり同情したりするのは適切だが、愉悦感や爽快感に浸るのは不適切とされよう。

他人の不幸を喜ぶ感情（「他人の不幸は蜜の味」）は、実は脳科学的には「自然」な感情であるらしい。妬みの対象となっている人に不幸なことが起こると、線条体が強く活性化する。つまり、快の感情が生じるのである（放射線医学総合研究所のウェブサイト〔http://www.nirs.go.jp/information/press/2008/index.php?02_12.shtml〕に研究の概要等が載っている。二〇一五年七月七日閲覧）。

脳がそのようなメカニズムを備えているからといって、他人の不幸を喜ぶのが社会的に適切だとか、そうした感情の表出を抑圧すべきでないとかということにはならない。感情のもたらすマイナス面を考慮すれば、「自然」な感情を無効化しようとするルールは十分にありうる。

反対に、個人がどのような感情を経験しているかをあまり重く見ることなく、感じるべき感情が社会的に形作られることもある。儀式や式典では厳かな気分でいなければならない、客に対しては感謝の気持ちを抱かなければならない、というような例が挙げられる。意図的にルールが作られることも、いつの間にかルールが確立することもあるだろう。

感情のマネジメント

法もまた、感情規則と無関係ではない。法は社会的に是認される感情と是認されない感情とを分ける役目をもっており、感情規則を部分的に形成していると言える。

まず、人々が抱く感情にはいろいろなものがあるが、法制度が前提としている感情はその一部であり、さらに、法制度において「正当」な法益として認められる感情はそのまた一部である。たとえば、誰かに嫌悪感や嫉妬心を抱いた人が相手（そのような不快な感情の発生源となった人）に損害賠償を請求できる、ということは通常ないだろう。他方、尊厳や自尊心を傷つけた人は何らかの法的責任を負わなければならない可能性がある。

それに加えて、法が人間を一定の類型にカテゴライズすることにより、その類型にふさわしいと思われている感情パターンへと人々が誘導される場合もある。たとえば、親が子に対して愛情をもつことや、「弱者」に対して温かい眼差しを向けることは、推奨されたり当然視されたりする。逆に、自分の配偶者以外の人を好きになるのは不適切なことと評価されやすくなる。あるいは、犯罪を行った人に対して同情するのは不適切だという印象をもつ人もいるだろう。

是認される感情と是認されない感情との境界は絶えず揺らいでいる。特に現代では、法制度が人々の感情に寄り添って応答すべきとの要求が強くなっている（和田二〇〇四）。その背景には、人々の感情の噴出を制御してきた従来のインフォーマルな秩序がその有効性を失いつつあることや、社会構造の変化に伴うアイデンティティの変容が生じていることなどが挙げられよう（㉔参照）。法制度はその要求を基本的に伝統的司法の枠内で処理してきたが、それだけでは対処しきれない事態もあり、社会における新たな「感情マネジメント」の方法が模索されている。

「情」の領域は、個人の脳の中で、そして感情規則や法制度で、幾重にもコントロールされている。コントロールされていることは、必ずしも抑圧されていることを意味しない。抑圧せずにコントロールするのは高度な技術だが、人間の脳はあらゆる種類の感情を巧みに、そして驚くほど短い時間でコントロールする機能を具備している。

法制度が扱わざるをえない感情は、だいたいはネガティブな感情である。個人がネガティブな感情に襲われたとき、そうした感情と真正面から向き合って神経を集中させても、必ずしも事態がよくなるわけではない。もしかすると、自分たちの脳のメカニズムや、自分たちが無意識のうちに発達させてきたルールから学べるものは多いのかもしれない。

Column(9)　脳画像法

本書では、脳科学研究で用いられている脳画像法を二種類紹介している。ここで、本文中で言及した脳画像法の概要を記しておこう。

【ＰＥＴ（positron emission tomography：陽電子放出断層撮影法）】

放射線を発する物質を用いて脳の中の様子を画像化する方法の一つ。微量の放射線を発生させる物質の入った薬剤を体内に注射し、放射線を検出することによってその物質の位置や濃度を調べる。薬剤の種類を変えることで、脳の中のいろいろな分子を画像化することができる、という長所がある。

【ｆＭＲＩ（functional magnetic resonance imaging：機能的核磁気共鳴断層画像法）】

磁気を使った画像法であるＭＲＩをもとにして、脳が活動しているときの血流の変化を視覚化する方法。ＭＲＩとは、核磁気共鳴という現象を利用して人体中の水素原子核を画像化する方法である。これを（脳の形だけでなく）脳の働きを観察するために応用したのがｆＭＲＩである。

脳が活動すると、脳内の血液の流れが速まり、血管中にあるヘモグロビン分子（厳密に言うと、酸素と結合していないヘモグロビン分子）が減少すると考えられている。ヘモグロビン分子は水素原子からの信号をわずかに弱めるので、ＭＲＩの原理を使えば脳内の血流量を測定できることになる。したがって、活性化されている脳の部位がわかる。

ｆＭＲＩは、現在の脳科学や行動経済学での主要なツールとして広く使われている。

引用文献

・Hans C. Breiter *et al.*, *Response and Habituation of the Human Amygdala during Visual Processing of Facial Expression*, 17 Neuron 875（1996）

・James K. Rilling *et al.*, *A Neural Basis for Social Cooperation*, 35 Neuron 395（2002）

・Arlie R. Hochschild, The Managed Heart: Commercialization of Human Feeling, University of California Press（1983）〔石川准＝室伏亜希訳『管理される心』〔世界思想社、二〇〇〇年〕〕

・和田仁孝「『感情』の横溢と法の変容」法社会学六〇号（二〇〇四年）一頁

主要参考文献

・山田昌弘「感情構造と法」法社会学六〇号（二〇〇四年）二四頁

・池谷裕二＝鈴木仁志『和解する脳』（講談社、二〇一〇年）

・大平英樹編『感情心理学・入門』（有斐閣、二〇一〇年）

・Susan A. Bandes & Jeremy A. Blumenthal, *Emotion and the Law*, 8 Annu. Rev. Law Soc. Sci. 161（2012）

㉔ アイデンティティ

複雑な社会の複合的な自己

▼社会的カテゴリー

法律や裁判に関係する施設には、天秤と剣を手にする「正義の女神」または「法の女神」の像が置かれていることがある。現在の像を見てみると、目隠しをしている場合（第一東京弁護士会の講堂にある像が例）と目隠しをしていない場合（最高裁判所大ホールにある像が例）とがある。女神に目隠しが付けられるようになったのは一五～一六世紀以降だそうで、「法の下の平等」の理念が普及してからは目隠しをした女神が主流になったのだという。少なくとも現在では、目の前にいる人が何者であるかによって判断が変わることのないように、という意味がそこに込められている。

しかしながら、現実の法制度は、法の下にいる人々が何者であるかを全然考慮しないわけではない。例を挙げると、選挙権は一八歳以上の人にのみ与えられている。消費者契約法では消費者と事業者が区別され、前者は後者よりも厚い保護を受ける。税法では人々が各種のカテゴリーに分けられて優遇されたりされなかったりする。さらに言えば、初めから法の範囲外とされてしまっている人も世の中には大勢いる（坂本二〇〇八）。法律学は分類の学問だと言われることがあるが、法は人々を分類してもいる。

自分が何者であるかという認識ないし実感――これは一般に**アイデンティティ**と呼ばれる。その中でも、特定の社会的カテゴリーと自分自身を結びつける形での自己規定を「社会的アイデンティティ」、他者と異なる唯一無二の自分という認識を「個人的アイデンティティ」と言う。もちろん両者は相互に影響し合っているが、ここでは社会的アイデンティティを中心に扱うことにしたい。

社会生活を営むにあたって、私たちは意識的あるいは無意識的に、人々を何らかのカテゴリーに分けて認識している。「人間の頭はカテゴリーの助けを借りてでないと考えられ」ず、「いったんカテゴリーが作られると、それは通常の予断（prejudgment）の基礎となる。このプロセスを避けることはとてもできない。秩序だった生活ができるのはそのプロセスのおかげなのである」（Allport 1954）。どういうカテゴリー分けを用いるかは状況や場面ごとに異なりうるが、よく用いられる属性は、性別、人種、国籍、出自、年齢、職業などであろう。

社会的カテゴリーによる認識には、私たちの認知的資源を節約するというメリットがある一方で、明らかなデメリットもある。カテゴリー化を経由すると、同一カテゴリーに属する人々の間の差異には気づきにくく、逆に、異なるカテゴリーに属する人の間の差異には気づきやすくなる。たとえば、あるカテゴリーに属する人々は同じ性質や価値観をもっているかのように、別のカテゴリーに属する人々は相異なる性質や価値観をもっているかのように知覚されやすい。個人の特徴の分布が実際とは違ったふうに認識され、ときに差別を引き起こす。

▼法が作るアイデンティティ

社会的カテゴリーは社会の中で構成されるものであり、人為的に作られたカテゴリーも数多く存在する。社会的カテゴリー、そしてそこから派生する社会的アイデンティティは決して固定的ではない。

法制度は、もともとあった社会的カテゴリーを一部で取り入れながら、おびただしい数の社会的カテゴリーを今までに作ってきた。人々をカテゴリー分けするということは、たいていの場合、扱いに差を設けることでもある。

先ほどの選挙権や消費者契約法などの例は無害または比較的有益と考えられているカテゴリー分けだろう。しかし、弊害のほうが顕著なカテゴリー分けもある。特に、かつてはそれなりに理由や根拠があると思われていた区別が時代や情勢の変化とともに正当性を失っていった、という例は挙げるに事欠かない。

たとえば、「ハンセン病患者」を考えてみよう。言うまでもなくハンセン病に罹患する人は昔からいたが、社会的カテゴリー化に大きく関わったのは「らい予防法」であった（ハンセン病はかつて「らい」と呼称されていた）。この法律は「癩《らい》予防ニ関スル件」として一九〇七（明治四〇）年に制定された後、数度の改定を経て、結局一九九六（平成八）年まで残っている。その内容は患者を療養所に収容して外出も制限するというもので、患者を強制隔離して社会防衛を図る法律であった。ハンセン病は細菌によって皮膚や末梢神経が冒される感染症だが、感染力はきわめて低い。ほとんどの人は自然免疫で感染や発症を抑えることができ、細菌自体も試験管での人工培養ができないほど弱い。仮に感染したとしてもただちに発症するわけではなく、大概は発症には至らない。さらに、一九四〇年代にはプロミンをはじめとする特効薬が開発され、ハンセン病は治る病気になった。また、リファンピシンという薬剤を用いれば感染性が消えるので、患者はもはや感染源とはならなくなった。

戦後になるとハンセン病治療法は格段に進歩し、隔離は不要となる。国際的には外来治療が推奨され、強制隔離政策に対する批判が高まっていたにもかかわらず、国は政策を変更しようとはしなかった。この判断の誤りは、二〇〇一（平成一三）年五月一一日のハンセン病国家賠償請求訴訟判決（熊本地裁、判例時報一七四八号三〇頁）で厳しく指摘されることになる。

法律がもたらした弊害の一つが、一九三〇年代ごろから始まった「無癩県運動」であろう。この運動は、県内からハンセン病患者をなくすことを目標に、地域社会の目を利用して患者を摘発・収容するという社会運動であった。その過程でハンセン病はあたかも恐ろしい急性の伝染病であるかのように喧伝されており、一九五〇年代後半に収容者数はピークに達する。ハンセン病に対するスティグマは維持・強化され、患者や元患者のアイデンティティにも深刻な影響を及ぼし続けている（伊波二〇〇七：三宅＝福原二〇一三）。人々がもつ誤解や偏見を法律や公的機関が助長した例である。

▼アイデンティティが作る法

このように、法制度がカテゴリーを設定し、個人の社会的アイデンティティ――それには、ポジティブ、ネガティブ、またはニュートラルなイメージが付される――の形成に関与することがある。他方、個人が自らの社会的アイデンティティを選び取ることができる、という場合もある。完全に自由に選ぶことは無理だとしても、ある程度の選択の幅はあり、自分で創り出すことも可能である（Sen 1999）。

個人の自己規定は単一ではない。通常、個人は複数の社会的アイデンティティをもっている。たとえばXさんは、○○国の国民であり、△△市の市民であり、××社の労働者であり、独身であり、無宗教であり、アレルギー持ちであり……といったように、いろいろな自己規定の方法がありうる。こうした複数のアイデンティティ候補の中から選択をすることもできるし、他の人たちと連携して新たなアイデンティティを創ることもできる。

法制度の動態との関連で特筆すべき働きをしてきたのは、何かの「被害者」であるというアイデンティティである。公害や薬害の被害者、犯罪の被害者、事故の被害者、過去の抑圧の被害者など、「被害者」というアイデンティティは社会問題を枠付けする役割を果たし、法制度を変える推進力となってきた。「被害者意識」と言うと否定的なイメージで捉えられやすいが、「被害者」としての社会的アイデンティティが法の発展に寄与していることは認めなければならない。

放射化学研究者の吉原賢二が著した『私憤から公憤へ』には、自身が体験したワクチン禍をきっかけとして、予防接種制度の改善を粘り強く実現していく様子が詳細に記述されている（吉原一九七五）。予防接種には事故がつきものであり、何千分の一か何万分の一かの確率で重い副作用が生じうる。吉原氏の二男も、インフルエンザ・ワクチンの副作用によって重篤な後遺症を負ってしまった。

当時の行政側の説明によれば、ワクチンの毒性や被接種者の体質に起因する事故は不可避で、基本的に「無過失の事故」ということであった。しかし、実際の予防接種の現場は管理が行き届いておらず、行政も事故の防止に積極的に取り組んでいたわけではなかった。事故の確率をゼロにはできないにしても、確率を低減させる手段を講じたり、副作用に関する情報を提供したりすることはできたはずである。

吉原氏が調査を進めてみると、他の種類のワクチンでも同様の事故が発生しており、類似の経験をしている人たちがたくさんいることがわかった。そういう人たちとの連携も捗り、やがて全国組織が結成されるに至る。ワクチン禍に巻き込まれた人々は、社会防衛の犠牲となった不運な人という境遇に甘んじず、予防行政をただす被害者として立ち上がり始める。

全国予防接種事故防止推進会の活動や二〇年近くにも及ぶ集団訴訟の結果、国は予防接種制度を見直し、一九九四（平成六）年には義務接種も廃止されて努力義務に変更された。接種も慎重に行われるようになり、事故は激減したという。予防接種政策のあり方についての意見は各人各様であろうが、ともかく、被害者というアイデンティティが法制度を動かした例と言って差し支えないだろう。

▼社会科学とアイデンティティ

「アイデンティティ」はつかみどころのない、複雑なものである。アイデンティティの概念を提唱した発達心理学者エリック・エリクソン（Erik Erikson：1902-1994）もそのように考えており、他の学問分野でアイデンティティの概念が頻繁に使われているのを見て困惑していたと言われている。

エリクソンの困惑をよそに、アイデンティティの概念は社会心理学、社会学、人類学、政治学、哲学といった分野へと次々に移植されていった。その際、概念の中身や定義が移植先の分野に合わせて少々変わることもあったが、いずれの分野においても使用価値の高い概念として存在感を保っている。たとえば、「ナショナル・アイデンティティ」や「ジェンダー・アイデンティティ」などはしばしば散見する用語である。つかみどころがないからこそ可塑性もあり、異分野でも幅広く応用することができたのだと思われる。

最後に、近時の「移植」についても一言しておこう。経済学者のジョージ・アカロフ（George Akerlof）とレイチェル・クラントン（Rachel Kranton）は、社会的アイデンティティの要素を効用関数に取り入れた経済モデルを組み立て、差別・教育・労働その他の社会問題を分析することを試みている（Akerlof and Kranton 2010）。

アカロフとクラントンの研究は、経済モデルを目にしたときに多くの人がうすうす感じていた欠落点を正面から取り上げた研究である。その意味では、非常に斬新な視角というわけではないかもしれない。だが、経済学が扱ってきた問題に違う角度から光を当て、現実世界により近い描写を目指しているという点で興味深い。

そしてこの研究は、どの学問分野も一枚岩ではなく多様な立場からなっており、研究者はそれぞれ独自の視点をもっている、ということを改めて認識させてくれる点でも有意義である。他の分野を見るときにはややもすると忘れられがちだが、個人と同じように、学問分野もまた複合的・多面的なのである。

引用文献

・坂本洋子『法に退けられる子どもたち』(岩波書店、二〇〇八年)
・Gordon W. Allport, The Nature of Prejudice, Addison-Wesley (1954)
・伊波敏男『ハンセン病を生きて』(岩波書店、二〇〇七年)
・三宅一志＝福原孝浩『ハンセン病』(寿郎社、二〇一三年)
・Amartya Sen, Reason before Identity, Oxford University Press (1999)〔細見和志訳『アイデンティティに先行する理性』〔関西学院大学出版会、二〇〇三年〕〕
・吉原賢二『私憤から公憤へ』(岩波書店、一九七五年)
・George A. Akerlof & Rachel E. Kranton, Identity Economics, Princeton University Press

（2010）〔山形浩生＝守岡桜訳『アイデンティティ経済学』〔東洋経済新報社、二〇一一年〕〕

主要参考文献

・鑪幹八郎監修『アイデンティティ研究ハンドブック』（ナカニシヤ出版、二〇一四年）

25 集団

社会的動物の産物

▼擬人化される集団

法の世界は擬制（フィクション）に溢れている。法的擬制の中には私たちの直感に訴えるものとそうでないものとがあるが，「法人」という概念は，どちらかと言うと直感的に理解しやすい部類に属するようにみえる（ここでは法人の本質をめぐる議論は措き，ひとまず擬制と考えておく）。

法人は財産を所有でき，契約を締結でき，不法行為に従事でき，ときには処罰もされる。一八世紀に活躍したイングランドの法学者ウィリアム・ブラックストン（William Blackstone：1723-1780）は，自然人と法人についてこう述べている。「『人』は法によって『自然人（natural persons）』か『人為的な主体（artificial persons）』のいずれかに分類される。前者は神が造られたものである。後者は，社会的な目的や統治の目的のために，人間の法律によって造られたり考え出されたりしたものであり，法人（corporations）や政体（bodies politic）と呼ばれる」（*Commentaries on the Laws of*

England より)。

法人は必ずしも人の集まり(社団)でなくてもよいが、法人という言葉で通常思い起こされるのは人の集団であろう。社会には、会社、学校、宗教団体、国家、公共団体といった多様な集団が存在し、それぞれの集団が固有の目的や役割を果たしながら活動している。目標達成のためにメンバーが動員されるシステムを備えている集団は、特に「組織(organization)」と呼ばれる。

私たちは、集団そのものが独立の意図をもって行動しているかのような言い方をすることがある。と言うより、自然人の比喩をまったく使わずに集団について何かを述べるのは困難ですらある(Schane 1987)。集団をいちいち個人にばらして考えるほうが、人間の思考にとっては不自然であるのかもしれない。

社会科学でこの不自然なことをあえて行うのが、いわゆる**方法論的個人主義**(**methodological individualism**)である。社会の分析単位を個人とし、社会現象を「個人の意思決定や行動から演繹されるもの」と捉えるのが方法論的個人主義の立場であり、二〇世紀の社会科学を牽引してきた考え方であると言ってよい。

個人を出発点に据えると、次のような問いが出てくる——人はなぜ集団を作り、そこで活動しようとするのか? アメリカの経済学者マンサー・オルソン(Mancur Olson:1932-1998)が著書『集合行為論』で提起した問題は、個人が合理的に行動しようとすると集団の目標は達成されないのではないか、という問題であった(Olson 1965)。集団の目標は一種の公共財と捉えることができる。そうだとすれば、個人にとって合理的な選択は「参加や活動の費用は負担せずに便益を享受する」

ことになるはずである（公共財や集合行為については⑧も参照）。皆が同様の選択を行うと、その集団は目標を達成できない。ここに個人の合理性と集団の目標はぶつかり合うこととなる。

▼人間の集団志向性

現実には集団が多数存立し、それなりに目標を達成している。大半の会社はフリーライダーに蝕まれて危機に瀕しているわけではないし、所属する個人間の協力をうまく引き出して存続している集団は至るところで見られる。オルソンによると、個人に対するインセンティブの付与や集団規模の適正化などの手段によって、集合行為の問題は回避することができる。

けれども、個人の利益を重視する合理性だけでは説明が難しい出来事も確かにある。なぜ自分自身を犠牲にして所属集団（国家や宗教団体が最たる例）のために尽くそうとする人が現れるのか。なぜ母校へ匿名の寄付を行う人がいるのか。所属集団が別の集団によって脅かされていると認識したときに感情がかき立てられやすくなるのはどうしてなのか。

近年の社会心理学や進化心理学の知見によれば、こうした「個人主義からの逸脱」は人間の進化のプロセスと関係している。人間の性質のうちほとんどの部分は、個体レベルでの自然選択によって形作られてきた。進化プロセスにおける淘汰圧は、基本的には、自己の利益を犠牲にして他者に貢献する利他的な個体よりも、自己の利益を高めることに専心する利己的な個体にとって有利に作用する（⑰・⑳も参照）。

だが、個体レベルでの自然選択がすべてではない。集団レベルの自然選択もわずかながら作用しており、集団の利益になる行動を導く形質が進化しうる（なお、これは俗に言う「種の保存の本能」とは別物である）。進化の圧力は複数のレベルで作用しているのである（Sober and Wilson 1998）。

⑰で登場した心理学者ジョナサン・ハイトは、このように形成された人間の性質について、「私たちの九〇パーセントはチンパンジー、一〇パーセントはミツバチ」と表現している。人間は、利己的であると同時に、自分よりも大きく尊いものの一部でありたいと願う矛盾した存在だ、ということである（Haidt 2012）。

集団の利益になる行動が可能になるための条件はいくつかあるが、他者の視点に立って物事や状況を理解し、問題解決に向けて協働する能力は最も重要であろう。この能力は他の霊長類にはないらしく、人間の進化の方向を決定づける能力だったと考えられている。認知心理学者のマイケル・トマセロ（Michael Tomasello）は、この能力によって得られる状態を「共有された志向性（shared intentionality）」と名付けている。すなわち、「人々がお互いに他者の視点を取得し、心理的状態を共有している」、換言すれば「『一緒にあることをしている』という感覚を分かち合っている」状態である（Tomasello 2009）。

トマセロは、乳幼児でさえも他者の意図を汲んでいることを実験で示している。人間が他者の意図を読み取るための認知機構を生来的に備えており、その能力は早い段階から発達する、ということを示唆する研究である。

他者の意図の理解にとどまらず、自分を取り巻く社会的環境を構造化して考えるという点にも、人間の特殊性が見られる。

私たちは、単なる他者理解を超えて、特定の誰かの視点とは異なる「第三者の視点」や「共同の視点」と言うべきものを主観的に構成している。つまり、人間は自分自身とも他者とも違った「われわれ」という視点を獲得し、その視点から自己および他者の視点と利害を考慮する。そして、各自が自分のなすべきことを了解し、「われわれ」は共通の目標を目指す。人間の社会的行動には複数の視点が織り込まれているのである。

この「われわれ」がいかなる範囲の人々を含むのかは気をつけておくべき問題である。人々の集まりをカテゴリー化する場合、「自分が所属している集団」と「自分が所属していない他の集団」とがありうる。前者を**内集団**（in-group）、後者を**外集団**（out-group）と言う。内集団に属する人たちと志向性を共有するのと比べ、外集団に属する人たちと志向性を共有するのは一般に難しい。

私たちは人々をグループ別にカテゴリー化し、「内集団」・「外集団」によって社会を捉えている。便利な捉え方である反面、認知バイアスやステレオタイプ・偏見のもととなり、紛争や対立をいたずらに激化させることもある。

ここで、心理学者のムザファー・シェリフ（Muzafer Sherif : 1906-1988）が行った「サマーキャンプ実験（泥棒洞窟実験）」という古典的な研究に触れておこう（Sherif *et al.* 1961）。これは、相互

▼内集団と外集団

に面識のない一二歳前後の少年二四名をサマーキャンプに連れて行き、そこで一連の実験を行うというものである。まず参加者はランダムに二グループに分割された。この二つのグループは離れた場所でキャンプ生活を始め、初めのうちはそのお互いのグループの存在を知らされていなかった。どちらのグループのメンバーも、自分たちの属しているグループ内だけで活動し、「われわれ」意識を徐々に高めていったのである。数日後、彼らは他グループの存在を知るようになる。

その後、実験者が野球や綱引きなどの対抗戦を企画し、両グループは賞品を懸けて相まみえることになる。すると、二つのグループのメンバーは互いに強い敵対心を抱くようになった。さらに、相手グループのメンバーに対する知覚や判断にバイアスがかかっていることも確認された。

この集団間競争に続き、実験者は「どちらのグループも実現したいと思っているのに独力では実現できない目標」を設定して活動をさせた（故障したトラックをロープで引くといった作業など）。その結果、相手グループに対する敵対心は薄れ、知覚や態度に見られたバイアスも大幅に緩和したという。

「われわれ」意識を飼い馴らす

サマーキャンプ実験が示しているのは、「われわれ」意識は両刃の剣だということである。「われわれ」意識は集団内での協力行動を促進する。その一方で、集団間の対立を生む要因ともなる。ことに負の互酬性（「やられたらやり返す」：⑰参照）が個人間だけでなく集団間で発生すると、悲惨な結果をもたらしうる。集団間での負の互酬性の例としては、敵討ち、血讐、戦争などが挙げられよう。これは協力行動を支えるメカニズムのダークサイドである。

それに加えて、過剰な「われわれ」意識に支配されている集団では、所属メンバーが内集団を過大評価する傾向、あるいは集団の内部で同調圧力が強まる傾向が出てくる。そうなると外集団を蔑視・軽視したり、単純思考に陥ったりしやすくなる（Janis 1972）。行きすぎた「われわれ」意識は合理的な意思決定を阻害してしまう。

法制度は、薬にも毒にもなる集団志向性をあるときは利用し、またあるときは制御している。揺り戻しを幾度となく経験しつつも、長期的に見ると法制度は社会を良い方向へと推し進めてきた、と言えるかもしれない。第一に、社会の中のさまざまな集団に一定の地位や権限を与えることにより（法人制度はそのような法技術の例である）、人々の協力行動の成果を増進させている。たとえば、経済の発展は個々の人間が独立に動いているだけでは決して成し遂げられなかったであろう。

第二に、集団内部に対する法の統制は次第に強められ、集団が極端に走ることのないよう、ある程度の歯止めがかかっている。時代とともに社会の諸集団が組織化の度合いを高め、フォーマルな組織が相対的に増加している、という事情もおそらくその背景にある。

そして第三に、法制度は広い範囲の人々に妥当する規範を発展させ、平等な権利がより広い範囲で保障されるようになってきている。このことは、より大きな集団の一員としての意識を育てるために不可欠である。狭い範囲での「われわれ」意識に対抗できるのは、上位のレベルでの「われわれ」意識なのである。

引用文献

・Sanford A. Schane, *The Corporation Is a Person: The Language of a Legal Fiction*, 61 Tulane L. Rev. 563（1987）

・Mancur Olson, The Logic of Collective Action, Harvard University Press（1965［1971］）［依田博＝森脇俊雅訳『集合行為論』〔ミネルヴァ書房、一九九六年〕］

・Elliott Sober & David S. Wilson, Unto Others. Harvard University Press（1998）

・Jonathan Haidt, The Righteous Mind, Allen Lane（2012）［高橋洋訳『社会はなぜ左と右にわかれるのか』〔紀伊國屋書店、二〇一四年〕］

・Michael Tomasello, Why We Cooperate, MIT Press（2009）［橋彌和秀訳『ヒトはなぜ協力するのか』〔勁草書房、二〇一三年〕］

・Muzafer Sherif et al, Intergroup Conflict and Cooperation, Literary Licensing（1961［2013］）

・Irving L. Janis, Victims Of Groupthink, Houghton-Mifflin（1972）

主要参考文献

・森脇俊雅『集団・組織』（東京大学出版会、二〇〇〇年）

・河合香吏編『集団』（京都大学学術出版会、二〇〇九年）

・Selin Kesebir, *The Superorganism Account of Human Sociality: How and When Human Groups Are Like Beehives*, 16 Pers. Soc. Psychol. Rev. 233（2012）

【*Concluding Remarks of Chapter 5*】

第四章⑯「社会規範」の末尾では、社会秩序の形成・維持メカニズムの全体像を理解するためには、次の三つの側面から検討することが必要だと述べた。一つ目は「進化」の側面、二つ目は「文化」・「制度」の側面、そして三つ目は「認知」・「解釈」の側面である。

これらのうち、本章で扱ったのは第二と第三の側面だということになる。第四章では、秩序の形成・維持に寄与する諸要素の中で、人間に共通する基盤——社会的ルールの背後にある人間の心理や認知——を中心に述べた。だが、たとえ基盤が同じであっても、実際の社会的ルールは異なるものになりうる。国や地域によってルールは違うし、時代によってもルールは違う。

このようなルールの違いは、社会をどのようなものとしてイメージするかの違いに由来していることがある。私たちが社会を想像するとき、大なり小なりの抽象化を行う（②も参照）。換言すれば、一種の「社会モデル」を頭の中で構築しているのである。たとえば殺人事件や交通事故に関するニュースを聞いた場合、人々は典型的な場面をイメージし、必要があれば修正しながらニュースの内容を理解していく。社会モデルは私たちの事実認識において不可欠の道具である。

人々は社会モデルに依拠しつつ事実認識をしているが、同じように、ルールは何らかの社会モデルを前提として組み立てられている。つまり、ルールというものはそれが適用される典型的な場面を想定して作られているのである。社会モデルとルールは密接につながっており、それぞれのルールには典型的場面が連なっている。

婚外子（非嫡出子）の法定相続分に関するルールを具体例として説明しよう。

二〇一三年改正前の民法九〇〇条四号ただし書前段では、結婚していない男女の間に生まれた子（婚外子）の相続分は、法律上の結婚をしている男女の間に生まれた子（婚内子または嫡出子）の半分とされていた。

この規定に対しては、憲法一四条の「法の下の平等」に反するのではないかという疑問が長らく投げかけられてきた。しかし相続分の規定を合憲とする考え方も根強く、国連から規定撤廃の勧告が再三あったにもかかわらず、立法機関による法改正はなされないままであった。ようやく最高裁で違憲判決が出たのは二〇一三年九月四日（最高裁判所民事判例集六七巻六号一三二〇頁）のことである。

旧四号ただし書前段が意味をもったのは、相続人の中に婚内子と婚外子の両方がいる場合である。人々がこの規定でイメージする典型例は「夫の不倫で子が生まれた」というものであろう。このようなケースでは、法律上の婚姻関係にある「本妻側」とそうでない「内妻側」が存在する（重婚的内縁）。

合憲説も違憲説も、基本的にはこの図式に則って主張を展開していた。この点は合憲説で特に顕著であり、「法律婚の尊重」という観点から、「本妻側」を「内妻側」よりも優遇することには合理的な根拠がある、と論じられる。また、「本妻側」にいる婚内子の利益を犠牲にして「内妻側」にいる婚外子の利益を守るのは国民感情に合致しない、という論拠が持ち出されることもあった［注・婚内子と婚外子の法定相続分が同じになっても、本妻の法定相続分は変わらず（二分の一のまま）、内妻の法定相続分も変わらない（ゼロのまま）。変わりうるのは子供の法定相続分だけである］。

いずれにせよ、合憲説は「本妻側」と「内妻側」のそれぞれをグループとして考える傾向が強い。そのうえで、「婚外子には何の落ち度もないかもしれないが、『本妻側』を『内妻側』よりも尊重すべきである以上、子に累が及ぶのもやむを得ない」という論法がとられていた。

違憲説のほうは、合憲説と同じく重婚的内縁の図式に沿って論じられることが多いが、グループではなく個人に着目する傾向がある。婚外子個人から見れば、自分の親が法律上の婚姻関係にあるか否かは自分ではどうすることもできない事情である。その人の与り知らない事柄によって異なる扱いをするのは不当な差別にあたる。それに、「法律婚の尊重」という目的が相続分に差を設けることによって達成されるわけではない。違憲説は概ねこのように論じてきた。

実は、民法九〇〇条の旧四号ただし書前段がカバーしていたのはこうした「本妻側」対「内妻側」のケースだけではない。実際、一九九五年七月五日の最高裁判決（このときは合憲判決。最高裁判所民事判例集四九巻七号一七八九頁）における事案は、ある男性が跡取り娘の婿養子になって子をもうけていたが（婚姻届は出されていなかった）、婿にふさわしくないとして家の戸主から追い出され、その後跡取り娘は別の男性と正式に婚姻した、という経過をたどっていた。婚外子のほうが先に出生しており、本件の被相続人は女性であって、そもそも不貞行為とは無関係な事案である。

しかしそれでも、この条文は「本妻側」対「内妻側」のケースを典型例として議論が続けられてきた。そのためか、婚外子相続分の問題は感情を強くかき立てるものとなっている。

一般的に言って、合憲説に立つ人は「内妻側」よりも「本妻側」を感情移入の対象としているようである。ときには、「内縁」または「内縁関係で生まれた子」というカテゴリーに対してある種の嫌悪感すら抱いているように思えることもある。このルールをめぐる議論では、先に結論があって理由が後から付けられているように見える主張もときおりなされてきた。

この例のように、ルールには特定の社会モデルが潜在している。どのような場面をルールが適用される典型例と考えるかによって、感情の喚起のされ方だけでなくルールの妥当性に関する判断も変わってくる。

今述べたことを模式的に表すと次頁の**図**のようになる。

人々がある状況に遭遇したとき、当該状況に関係する多種多様な情報の中から自分にとって重要だと思われる情報を（たいていは無意識のうちに）抽出する。人々の頭の中には社会モデルのレパートリーが存在し、どの部分を抽出するかはどの社会モデルを活性化させているかによる。対応するモデルが一つに決まることもあるが（**図**の状況A・C・E）、候補となるモデルが複数あることも多い（状況B・D）。複数あるうちのどのモデルが活性化されやすいかは、過去の経験や習慣によっても違ってくるだろう。

図　状況の解釈とルールの適用

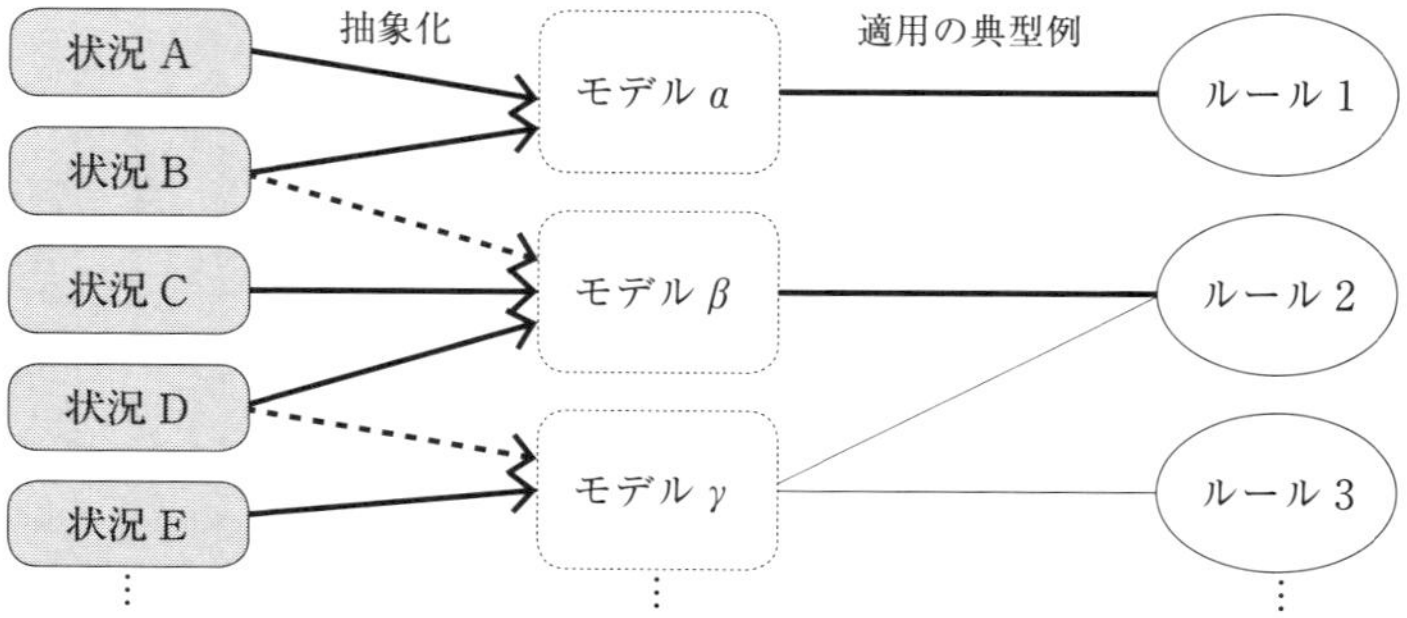

ある社会モデルが選択されると、それと結びつきの強い特定のルールが連想されやすくなる。社会モデルとルールも一対一に対応しているわけではなく、複数の社会モデルに共通して適用されるルール（図のルール２）や、複数のルールが適用されうる社会モデル（モデルγ）もある。社会モデルとルールの結びつきには強弱があり、図ではそれを線の太さで表している。

所与の場面に適用されるルールを変えたい人は何をすればよいか。

第一に、与えられた具体的状況がどのように抽象化されるかを変える、という方法がある。喫煙行為を加害者・被害者の文脈に置いて考えたり、代理母出産を他のサービスになぞらえて考えたりするのはその例である。社会モデルを別のものに転換させることに成功すれば、その場面で適用されるルールも変わってくる。

第二に、社会モデルとルールの連結を変えるという方法もある。これはルールの存在理由を問うことにほかならない。ルールを正当化する「立法事実」を再検討することは、社会モデルとルールとの結びつきを改めて問い直すことと同じである。

第三に、新しくルールを作ってしまうという方法がある。既存のルールとの整合性の問題もあるのでもちろん難しいことではあるが、合意を取りつけやすい小集団内部などでは頻繁に使われている方法である。事案によっては、考慮に値する方法だろう。

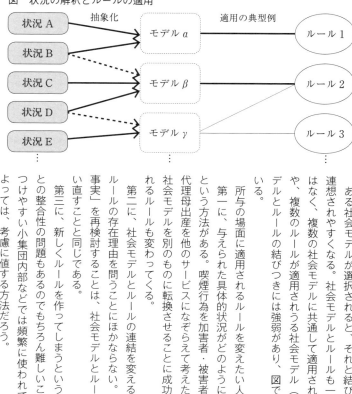

【*Questions*】

□ 人々の「差別的行動」を法によって抑制すべきか否か、抑制するとすればいかなる手段が考えられるかについて考察してみてください（特に、人々が自らの差別的行動を意識していない場合、法にはどのようなことができると考えられるでしょうか）。

〔参考〕飯田高「暗黙の差別と法――経済学的アプローチと心理学的アプローチ」法律時報七九巻三号（二〇〇七年）四三頁

□ ㉑では認知バイアスを利用した法政策の可能性に触れましたが、そのメリットとデメリットはどういう点にあるでしょうか。

□ 現代の法制度における「権利」は基本的に個人を単位として構成されていますが、そのような「権利」は歴史上どのような役割や機能を果たしてきたでしょうか。いろいろな文献や事例を調べたうえで考えてみてください。

Epilogue

終章

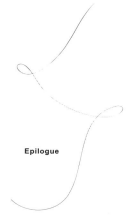

【Introduction】

この本では、個人の「意思決定」を出発点としつつ、個人間の相互作用が織りなすさまざまな「社会現象」について記述した。それと並行して、法や法制度がそうした意思決定や社会現象とどのような連関を保っているのかを断片的に論じてきた。

最後に、本書で扱ってきた「社会」㉖と「社会科学」㉗について述べ、これらをもって終章としたい。

㉖ 社会

より良き生への足がかり

▼「社会的」な苦痛

大学の授業を担当するようになって一〇年以上経っているが、私はいまだに授業のときは緊張している。大人数の講義だけでなく、比較的少人数の演習でも、授業に慣れてきたという感覚はあまりない。場数を踏んでいくにつれて、授業前の落ち着かない気分はかなり消えてきたような気もする。しかし、初回の授業が毎学期やってくるたびに重苦しい気持ちが私のもとに訪れ、しばらくはその旧友の相手をするのに手間取っている。

そのような自分の性質を自覚していたので、アメリカ――人前で臆せず話せる人がたくさんいるとされる場所――での在外研究が決まったときは、自分が望んだこととはいえ不安で仕方がなかった。ところが、現地でのある研究会に参加した際、著名なベテランの教授が原稿を持つ手を震わせながら話していたのを見て、あの人でもそうなのか、と少し安心した覚えがある。

アメリカの人たちにとってさえ、人前で話をすることは大きな悩みの種になっているらしい。しばしば引用される古い調査によると、人前で話をすることを「恐れている」と答えた人の割合は四〇パーセントにものぼり、「恐怖の原因」一四項目中一位となっている（Bruskin Associates 1973）。この数字は、死を恐れていると答えた人の割合（一九パーセント）を優に上回っていて、その後の調査でも類似の傾向が見られる。「葬式に行くなら、参列者の前で弔辞を述べるよりも棺の中にいるほうがまし」（アメリカのコメディアン、ジェリー・サインフェルドの言葉）なのである。

人間が人前で話をするのを恐がるのはどうしてなのだろうか。捕食獣の目に対して敏感になるように人間の認知が進化したからだという説もあるが、より深く関係しているのは、人間が「社会」からの受容を重視していることであろう。人間は、他者からの評価を気にしたり、他者に受け容れられないことを危惧したりする（なお、評判については⑲も参照）。人前で話をすることは、しくじると恥ずかしい思いをするというリスクを伴う。場合によっては、他者からの評価を下げることにもなりかねない。

他の人々に受け容れてもらえないという認識、言い換えると「社会からの受容の喪失」の認識は、身体的な損害にも匹敵する苦痛を個人にもたらす。法制度においても、社会からの受容の喪失は精神的損害を構成するものとされ、たとえば民事上の損害賠償などでも考慮されている（村八分に関する最近の判決として、大阪高裁平成二五年八月二九日判決・判例時報二二二〇号四三頁を参照）。

そのような損害は身体的損害とは質が異なり、苦痛と呼ぶのは比喩にすぎないのではないか、という疑問もあるかもしれない。心理学者・脳神経科学者のマシュー・リーバーマン（Matthew

Lieberman）とその妻ナオミ・アイゼンバーガー（Naomi Eisenberger）は次のような実験を行い、社会からの受容の喪失による苦痛が単なる比喩的表現でなく、実際に脳の中に存在するものだということを示そうとしている（Lieberman 2013）。

▼社会的欲求の位置づけ

リーバーマンらは、実験参加者に「サイバーボール」という名称のインターネットゲームをプレーさせた。サイバーボールとは、二人の仮想的なプレーヤー（AとBとしよう）と一緒にボールを順番にトスして遊ぶ、というごく単純なゲームである（Williams 2007）。実験参加者は、ｆＭＲＩのスキャナーの中でこのゲームをするよう指示される。

初めのうちは、Ａからボールがトスされ、実験参加者はＢにボールをトスする。けれども、ある時点から突然ＡとＢは実験参加者にボールを回さなくなり、二人の間だけでボールをトスするようになる。このことは実験参加者には事前に知らされておらず、仲間はずれにされた実験参加者は釈然としないままゲームを終える。

仲間はずれにされると、その人の脳の中ではどのようなことが起きるのだろうか。それをｆＭＲＩによって観察するのがリーバーマンらの実験の目的であった。この実験の結果判明したのは、脳が身体的な痛みと同じように痛みを感じ、身体的な痛みを感じた場合と同様の処理を行っているということだった。ｆＭＲＩ画像に表れた脳の様子のみを見る限りでは、感じている痛みが身体的なものなのか、それとも「社会的」なものなのかは区別できない。

驚くべきことに、鎮痛剤のタイレノールを数週間投与した後でサイバーボールをプレーさせた場合、参加者はAとBに拒絶されても「社会的」な痛みを感じなくなる。つまり、脳の特定部位（具体的には、背側前帯状皮質と前部島皮質）の感受性が薬によって低下すると、身体的な痛みだけでなく「社会的」な痛みも弱まるのである。

これまでの研究によると、痛みに対する感受性はＯＰＲＭ１と呼ばれる遺伝子のタイプに左右される。この遺伝子は脳の特定部位の作用と関係しているため、社会からの受容を喪失した際の痛みをどのくらい強く感じるかもＯＰＲＭ１に影響される、ということになる。

リーバーマンは、いわゆる「欲求ピラミッド」を再考する必要があることを示唆している。アメリカの心理学者アブラハム・マズロー（Abraham Maslow：1908-1970）は、人間の欲求を五段階の階層に分けたうえで、人間は下位の欲求から順に満たすように行動し、下位の欲求が充足されてはじめて上位の欲求へと移行する、と考えた。マズローの言う五段階とは、(i)生理的欲求、(ii)安全欲求、(iii)社会欲求および愛の欲求、(iv)承認ないし尊重の欲求、そして(v)自己実現の欲求である。

(iii)の欲求（さらには(iv)の欲求の一部）は、マズローが考えていたよりも根源的な欲求なのかもしれない。少なくとも、人間の脳は生理的欲求と社会欲求を峻別しておらず、社会欲求や愛の欲求の不充足は深刻な苦痛を引き起こすことがある。昔から言われているとおり、人間は「社会的なもの」を希求する存在なのである。

▼「社会」の概念をめぐって

リーバーマンらの実験の面白いところは、実験参加者が相手にしていたプレーヤーは架空の存在にすぎず、参加者は仮想的な「社会」に受容されないことを気にしていた、という点である。たとえフィクションであっても、個人は「社会」からの受容を追い求める。

私たちが「社会」という言葉を使うとき、大別して二通りの意味がある（竹沢二〇一〇）。一つは、おそらく人類がこの世に登場して以来つねにあったであろう「社会」、すなわち共同の生活を営んでいるという意味での「社会」である。こちらの意味での「社会」は、「社交」や「交際」あるいは「人間関係」といった語で置き換えられる場合がある。

もう一つは、日常の生活の範囲（職場、近隣関係、地域社会など）を飛び越えた「社会」であり、ときとして個人と対置される抽象的な概念である。この意味での「社会」の概念は近代になってヨーロッパで現れた歴史的な産物で、発見または発明されるべきものであった（この点で「市場」の概念と類似している。⑬参照）。たとえば「市民社会」「階級社会」「アメリカ社会」と言うときの「社会」がこれに該当する。

ドゥニ・ディドロ（Denis Diderot：1713-1784）とジャン・ル・ロン・ダランベール（Jean le Rond d'Alembert：1717-1783）が編集した『百科全書』の「社会的（social）」の項目には、「最近になって用いられるようになった新しい言葉」と記されている。一八世紀後半のフランスでも social という のはまだ一般的な単語ではなかったが、政治および経済の情勢の変化と市民層の台頭を背景に、以降急速に広まっていく。

人間の脳が「社会的なもの」を求めているとしても、「社会」の概念は自然に湧き出てくるわけではない。特に後者の「社会」の概念は、諸個人が他者とともに共存し、より良い生活を営んでいくためにはどのようにすればよいのかをさまざまな人たちが長年考えた末に、その結果として生み出された認識枠組みであった。このような「社会」の概念は、現代に至るまで、諸個人の生活を改善するためのヴィジョンを提供し続けている。

いったん認識枠組みとして確立されると、ちょうどリーバーマンの実験の参加者が仮想的なプレーヤーをあたかも実在する人であるかのように捉えていたのと同じく、抽象的な概念としての「社会」は人々の思考過程において非常に大きな力を発揮する。

▼「社会」と「世間」

しかしながら、日本で「社会」の観念が人々の思考の中にしっかりと定着しているのかと言うと、それは微妙である。「社会」というのは輸入された舶来の概念であり、日本でsocietyの訳語として「社会」という言葉が用いられるようになったのは明治期以後のことである。

それまでの日本に「社会」に相当する概念が全然なかったわけではない。他者と関わり合う世界を表現する言葉として、日本で伝統的に広く使われてきたのは「世間」であった（ちなみに、「世間」はもともと仏教用語である）。ただし、「世間」は前記の第一の意味での「社会」に近く、狭い交際の範囲が念頭に置かれている場合も多い（阿部一九九五）。

舶来の「社会」と日本の「世間」の最も著しい相違点は、「社会」は自己から切り離されて対象化されたものであるのに対し、「世間」は個人から明確に分離しておらず、対象化しえないものだということであろう（佐藤二〇〇一）。「世間様」「世間体が悪い」「世間を騒がせる」といった言い回しにも示されているように、「世間」は個人が立ち向かうことのできる対象とは考えられていない。そもそも、「世間」は境界からして不明瞭で、とらえどころがない共同幻想である。個人は社会を変えることはできるが、世間を変えることはできない。

日本では、人々が「世間」として意識しているものに「社会」の語が充てられてきた。そうなると、元来の意味での「社会」を支える独立した個人が十分に育っていないにもかかわらず、「社会」が成立しているかのような外観だけが整うことになる。それゆえ、「社会」の衣を纏った「世間」がときおり顔を覗かせる。

たとえば、不祥事が発覚した後の謝罪会見やコメント、さらにそれに対する人々の反応に「世間」の威力がよく表れる。まず、謝罪している側は「社会」ではなく（ましてや「被害者」ではなく）「世間」に向けられた一種の儀式を行っていると言えるが、具体的に誰に向けられているのかはわかりにくい。

謝罪を聞いたり見たりした人々の側も、際限のない償いを要求しがちである。普段は公共心をほとんど見せない人が、自分自身は直接または間接の損害を受けてもいないのに無制約な義憤に駆られる、ということもある。

とはいえ、こうした曖昧な「社会」概念が今後もずっと日本社会を支配していくわけではなく、人為的な制度や人々の活動を通じて「社会」概念は次第に変化していくと思われる。どこの国の人であれ、脳の働き方や根源的な欲求に特段の違いはない。西欧型の「社会」概念を参考にすることもできるだろうし、社会についての考え方を別方向に深化させ、従来とは違った「社会」を構想することもできよう。

引用文献

・Bruskin Associates, *What Are Americans Afraid of?* 53 The Bruskin Report 27（1973）
・Matthew D. Lieberman, Social: Why Our Brains Are Wired to Connect, Crown（2013）
・Kipling D. Williams, *Ostracism*, 1 Soc. Personal. Psychol. Compass 236（2007）
・竹沢尚一郎『社会とは何か』（中央公論新社、二〇一〇年）
・阿部謹也『「世間」とは何か』（講談社、一九九五年）
・佐藤直樹『「世間」の現象学』（青弓社、二〇〇一年）

主要参考文献

・川島武宜『日本人の法意識』（岩波書店、一九六七年）
・富永健一『社会学講義』（中央公論社、一九九五年）

・市野川容孝『社会』（岩波書店、二〇〇六年）
・鈴木健『なめらかな社会とその敵』（勁草書房、二〇一三年）
・奥井智之『社会学〔第二版〕』（東京大学出版会、二〇一四年）

27 社会科学

まだ見ぬ合流地点へ

▼社会科学の意義

本書には『法と社会科学をつなぐ』というタイトルが付けられている。しかしながら、「社会科学」とは結局のところいかなる営みであるかについては、正面からは扱ってこなかった。そういうわけで、今までの話のまとめを兼ねて、このことに触れておきたい。

まず、どのような範囲の学問分野が「社会科学」とされるのだろうか。社会科学の範囲をめぐっては、研究者の間だけではなく、書店の間でも見解が分かれている。

ほとんど異論がなさそうなのは経済学や政治学で、これらの分野に関係する本はたいてい社会科学のコーナーに置かれている。社会学の本も同様に……と思っていたが、東京の某有名書店では、「社会」のエリアがあるにもかかわらず「人文」エリアに配置されていた（二〇一五年一月現在）。

そして、心理学や人類学の本は、社会科学ではなく人文科学のコーナーに集められている場合が多い。

法学（法律学）を社会科学に分類することに関しては、書店の間でほぼ意見が一致しているようである。しかし、当の研究者は法学を社会科学の一部と考えたがらない傾向、少なくとも他の分野との違いを強調する傾向がある。たしかに、他の社会科学とは違った雰囲気をもつ学問分野ではある。

辞典や入門書では、「社会科学」というのは、社会現象や人間行動を対象とする科学の総称である、とされている。では「科学」とは何なのかと言うと、これもまた多義的だが、現象の中から一定の法則・規則性・因果関係などを見出そうとする営為である、と表現できよう。"science"の語源となったラテン語の"scientia"はもともと「知識」を意味する語だった。だが、一七〜一八世紀になると、知識を得るための「方法」に意味の重点がシフトしていった。現代では、知識そのものと言うよりも、厳密な手続（特に、仮説をもとに観察や実験を行い、結果に整合する説明を選び出すという手続）に従って現象を探究することを指すようになっている。

自然科学が自然現象の背後にある法則を追い求めるのと同じように、社会科学は社会の背後にある法則を追い求める。ただし、社会現象には関連因子が無数にあり、実験による再現が難しく、しかも通常は人間の意思が介在しているので、自然科学と肩を並べられるほどの精密さまでは望めない。そのことをもって社会科学の有用性に疑念をもつ人たちもいるが、社会科学には社会科学なりの意義がある。それは、現にある社会や政策を批判的に検討しうる眼を養う助けとなる、ということである。

▼「自然」から生まれた社会科学

社会科学の起源は、社会の「自然な姿」や「あるべき姿」を探って描き出そうとする試みにある。その背景には、経済発展による剰余生産物の蓄積、そしてそれに伴う社会構造の変動や複雑化があった。つまり、政府や為政者がコントロールできない領域が拡大し、政府や為政者が作る秩序とは違った「社会的な秩序」が顕在化してきたのである。そうした秩序は社会の中でどのように生まれ、いかに動くのか。

人間によって作られている秩序とは異なる、個人の意思を超えた秩序がある。言い換えると、人為的な**法**（law）とは異なる自然の**法則**（law）がある。このことへの関心こそが社会科学的認識の出発点であり、社会科学はその時々の政治や権威に対抗する視座を提供してきた（したがって、ときに弾圧の対象になることもあった）。

自然科学分野で用いられる分析方法を社会現象に適用した古典として挙げられるのは、フランソワ・ケネー（François Quesnay : 1694–1774）の『経済表』である（Quesnay 1758）。フランスの宮廷医だったケネーは、経済循環を血液循環とのアナロジーで捉えた社会モデルを構築し、経済の法則およびあるべき政策（彼の場合は重農主義政策）を示そうとした。農業生産により生じた富が社会の中で流通する結果、国民の富と君主の収入はおのずと増加する、とケネーは主張している。

アダム・スミスは分析方法の面でケネーの影響を少なからず受けている。その著書『国富論』は、自身の幅広い知識を駆使して、経済現象を貫く法則――『経済表』ほど機械的な法則ではないにしても――を突き止めようとする著作と言ってよい（Smith 1776）。『国富論』には重商主義政策・植民地政策に対する明確な批判が盛り込まれており、経済や社会の自然な動きについての考察を通じ、当時の政策の問題点をあぶり出している。

法との関係で注目に値するのは、ケネーもスミスも、法の「あるべき姿」＝自然法の枠組みを、現実の法（＝実定法）を批判する根拠として活用している、という点である（内田一九八五）。彼らの想定する「自然法」とは、経済や社会の自然法則を見出すことによって認識可能な「法」であった。

自然法に沿った、すなわち自然の法則に基礎を置いた実定法が施行されていれば、社会における物質代謝過程が円滑になり、やがては繁栄がもたらされるだろう。逆に、自然の法則に根差す「自然法」に合っていない実定法は、物質代謝過程の正常な働きを阻害するため、修正されるべきことになる。

▼法学と社会科学（と法社会学）

このように、法学と社会科学は元来密接につながっている。社会科学の草創期以降の時期にも、法学上の概念、または法学から得られるインスピレーションが他の分野の生成や発展を促す、ということがたびたびあった。カール・マルクス、カール・メンガー（Carl Menger：1840-1921）、ガブリエル・タルド（Gabriel Tarde：1843-1904）、それにマックス・ヴェーバーなど、一九世紀後半から二〇世紀初めの社会科学に貢献した人たちの中には、学生のころに法学を修めていた人が案外多い。もしかすると、彼らの理論において法学は伏線としての役割を果たしていたのかもしれない。

ともあれ、時代が下るにつれて、社会科学の専門分化の程度は増していく。それと同時に、法学にとって他の社会科学分野はやや縁遠いものになっていった。法学は心理学や経済学といった諸分野の影響を受けながら時代ごとに新たな潮流を生み出してきたが、全体として見ると、法学はあたかも自己完結的な世界を構成しているかのような様相を呈している。

それでも実際には、法学は価値判断を合理化するための科学的事実の認識をしばしば必要とする。その事実認識には、個人の意思決定や行動のメカニズム、個人と社会の相互関係、あるいは社会の動態についての理解が含まれる。法を作る局面でも、法を解釈・適用する局面でも、どのような法がどういう理由で必要であるかを不断に問うていく姿勢が求められる。社会の進展とともに価値判断の多様化が進めば進むほど、社会科学的な分析が不可欠になる場面は増えてくるであろう。

六〇年以上も前、末弘厳太郎（一八八八―一九五一）は次のように述べていた（末弘一九五一［二〇〇〇］）。

「技術学としての工科の学問は、一定の文化目的を達するために、自然科学としての物理学や化学によって発見された自然法則を利用する。それと同じように、政策学としての実用法学は、社会科学としての法社会学が発見した法に関する社会法則を利用して、立法や裁判の合理化を図るのである。」

私は法社会学研究者の端くれであるが、法社会学が実践に供しうる社会法則を十分に明らかにしてきたかについては、正直なところよくわからない部分がある。また、実定法学に携わる人たちが果たして法社会学にそのような役割を期待しているのかについても、確乎たる自信をもってはいない（むしろ、法と経済学に対する期待のほうが大きいように思われる。法学教室三六五号〔二〇一一年〕参照）。

だが、社会科学的認識の重要性が減ずることはおそらくないだろう。

▼法と社会科学をつなぐ道

他方で、仮に揺るぎない科学的知見がどこかで得られたとしても、法がその知見に完全に沿った形で発展していくとは限らない。法に従事する人たちは、社会科学の成果から示唆されることが何であるかを慎重に見極めなければならない。場合によっては、社会科学からの示唆に従うべきでないということもありえよう。

アメリカの法学者であるオリヴァー・ウェンデル・ホームズ・ジュニア（Oliver Wendell Holmes Jr.：1841-1935）は、一八八六年の学生向けスピーチの中で、法学その他のあらゆる分野が人生観・世界観の形成に役立つことを述べ、「ある分野を自家薬籠中のものとするためには、隣接分野に通暁していなければならない。一部を知るためには全部を知る必要がある」という趣旨の言葉を残している（Holmes 1920）。

それから約四〇年経った一九二七年、連邦最高裁判事となっていたホームズは、ある裁判の判決文を書いた。裁判で争われたのは、精神障害・知的障害の女性の不妊化を定めるヴァージニア州の法律、いわゆる断種法の合憲性であった（Buck v. Bell, 274 U.S. 200）。

彼は、「明らかに欠陥をもつ人が子孫を生むのを防ぐことができれば、……社会全体の利益に適う。強制ワクチン接種を正当化する原則は射程が広く、輸卵管切除にも適用できる」とし、優生学という「科学」に根拠を置く州法を是認した。そのうえで、「痴愚は三世代も続けば十分である」という言葉で判決を締めくくっている。ちなみに、この判決のホームズの言葉は、ニュルンベルク裁判でナチス側の被告人によって引用されることになった。

優生学に基づく諸政策（結婚制限、強制断種、絶滅政策など）がもたらした暗い歴史を顧みると、社会科学を含む科学の使い方について考えさせられる。科学は法律や政策にいかに関与すべきか、あるいはすべきでないのか。さまざまな分野が隣接しているのがわかっていたとしても、どのように隣り合っているのか、どうすれば適切に接続できるのかは、必ずしも自明ではない。

社会科学のどの分野も、法の世界へと連なっている。同じことだが、法や法学は他の社会科学の世界へと連なっている。私たちが通りうる経路は決してわかりやすい道だけではなく、また道自体も平坦でもないのかもしれない。ときには行き止まりやループもあるのだろう。しかし、轍を踏まないよう用心しつつ、「私たちが行きたいと思っている場所にはどこかできっとつながっている」という希望は堅持しておきたいものである。

引用文献

・François Quesnay, Tableau Économique (1758)〔平田清明＝井上泰夫訳『経済表』〔岩波書店、二〇一三年〕〕
・Adam Smith, An Inquiry into the Nature and Causes of the Wealth of Nations (1776)〔山岡洋一訳『国富論（上）（下）』〔日本経済新聞出版社、二〇〇七年〕〕
・内田義彦『読書と社会科学』（岩波書店、一九八五年）
・末弘厳太郎「法学とは何か」法律時報二三巻四号一二頁・五号三二頁（一九五一年）〔『役人学三則』〔岩波書店、二〇〇〇年〕所収〕
・Oliver Wendell Holmes Jr., Collected Legal Papers, Harcourt Brace & Howe (1920)

主要参考文献

・高島善哉『社会科学入門』（岩波書店、一九五四年）
・Stephen Jay Gould, The Mismeasure of Man, W.W. Norton & Company (1981)〔鈴木善次＝

森脇靖子訳『人間の測りまちがい』〔河出書房新社、一九八九年〕」
・川島武宜『「科学としての法律学」とその発展』（岩波書店、一九八七年）
・奥村隆『社会学の歴史Ⅰ』（有斐閣、二〇一四年）

連載の構成を考えているとき、二つのぼんやりとしたイメージを抱いていました。一つはまえがきにも書いた「道」、もう一つは「道具」でした。

「道具」のイメージの源になったのは、Jon Elster, ***Explaining Social Behavior: More Nuts and Bolts for the Social Sciences*** (Cambridge University Press, 2007)〔二〇一五年に改訂版が刊行されています〕とWard Farnsworth, ***The Legal Analyst: A Toolkit for Thinking about the Law*** (University of Chicago Press, 2007)です。前者は社会科学の基礎概念、後者は法と経済学（法の経済分析）の基礎概念を順次取り上げて説明している本です。どちらも一節につき一つの概念を紹介する形式になっていて、本書と同じように、興味をもった節を拾い読みするという使い方もできます。

後者の*The Legal Analyst*の緒言を見ると、同書のタイトルの候補として*Thinking Like a Law Professor*という案があった、と記されています。経済分析などの社会科学的方法がアメリカの法学界ではそんなに浸透しているのか、と彼我の差を思い知らされる気がします。とはいえ、日本でもこれに類する書物（翻訳を含めて）が出版されてきていますので、ここでその一部を紹介したいと思います。

【「法と社会科学」全般】

ハウェル・ジャクソンほか『数理法務概論』（神田秀樹＝草野耕一訳、有斐閣、二〇一四年）は、アメリカのロースクールで教科書として用いられている *Analytical Methods for Lawyers* の翻訳で、分析的手法の入門書として最適です（訳注も非常に充実しています）。

本書では実証分析の方法に立ち入ることはできませんでしたが、統計学ないし計量経済学の手法を駆使する実証分析は確立した一分野となりつつあります。実証分析を始めるには統計学を学ぶのが先決です。ただ、統計学はきわめて広範囲の分野に関係しますので、初めからすべてを学ぼうとすると不必要な壁にぶつかるかもしれません。久米郁男『原因を推論する』（有斐閣、二〇一三年）をあらかじめ読んでおくと、迷路に入り込む可能性を減らせます。統計学や計量経済学の基礎を学んだ人には、**森田果『実証分析入門』**（日本評論社、二〇一四年）をおすすめします。「法の実証分析」の先端を感じることができるはずです。

【法と経済学（第一章・第二章関連）】

『数理法務概論』の第六章・第七章も「法と経済学」入門として有用ですが、紙幅の関係で記述が簡潔になっています。より詳しく法と経済学を知りたい方は、スティーブン・シャベル『法と経済学』（田中亘＝飯田高訳、日本経済新聞出版社、二〇一〇年）をご覧ください。ロバート・クーター＝トーマス・ユーレン『法と経済学』（太田勝造訳、商事法務研究会、一九九七年）も、版が古くはなっていますが、初学者にもわかりやすく書かれた教科書です。

柳川隆＝高橋裕＝大内伸哉編『エコノリーガル・スタディーズのすすめ』（有斐閣、二〇一四年）や常木淳『法律家をめざす人のための経済学』（岩波書店、二〇一五年）は、法学と経済学の考え方を比較しながら勉強したい方にとってたいへん有益な本です。

【法社会学・法と心理学（第三章・第五章関連）】

本書は標準的な法社会学とは相当に異なるアプローチをとっています（ありがたいことに、法社会学は懐の深い分野なのです）。本書に関連する法社会学の文献として、太田勝造『法律』（東京大学出版会、二〇〇〇年）、トーマス・ライザー『法社会学の基礎理論』（大橋憲広監訳、法律文化社、二〇一二年）が挙げられます。実証分析に関心のある方は、太田勝造＝ダニエル・H・フット＝濱野亮＝村山眞維編『法社会学の新世代』（有斐閣、二〇〇九年）をご参照ください。

本書が扱った事項は、「数理社会学」と呼ばれる分野と親和性があります。日本数理社会学会監修『社会を〈モデル〉でみる』（勁草書房、二〇〇四年）や盛山和夫編著『社会を数理で読み解く』（有斐閣、二〇一五年）を読むと、分野の内容と雰囲気がよくわかります。

「法と心理学」に関する概説書としては、藤田政博編著『法と心理学』（法律文化社、二〇一三年）があります。なお、本書では経済学と心理学の交錯領域である「行動経済学」を多めに取り上げていました。行動経済学についての本は多数出版されていますが、最近の文献としてダニエル・カーネマン『ファスト&スロー（上）（下）』（村井章子訳、早川書房、二〇一二年）と大垣昌夫＝田中沙織『行動経済学』（有斐閣、二〇一四年）を挙げておきます。前者は行動経済学の第一人者による一般向けの書物、後者は伝統的経済学との幸せな共存を目指した概説書です。

【道徳・規範の科学（第四章関連）】

道徳や社会規範はさまざまな分野で研究されています。マイケル・トマセロ『ヒトはなぜ協力するのか』（橋彌和秀訳、勁草書房、二〇一三年）はコンパクトで読みやすく、かつ、いろいろな立場の研究者の考え方を知ることができる文献です。その他、ジョナサン・ハイト『社会はなぜ左と右にわかれるのか』（高橋洋訳、紀伊國屋書店、二〇一四年）、クリストファー・ボーム『モラルの起源』（斉藤隆央訳、白揚社、二〇一四年）、スティーブン・ピンカー『暴力の人類史（上）（下）』（幾島幸子＝塩原通緒訳、青土社、二〇一五年）、ジョシュア・グリーン『モラル・トライブズ（上）（下）』（竹田円訳、岩波書店、二〇一五年）など、次々と関連文献が出版されています。

日本語で書かれた入門書としては、金井良太『脳に刻まれたモラルの起源』（岩波書店、二〇一三年）、大槻久『協力と罰の生物学』（岩波書店、二〇一四年）、そして亀田達也編著『「社会の決まり」はどのように決まるか』（勁草書房、二〇一五年）を挙げておきましょう。

【その他】

社会科学のあり方にも変化の兆しが見られます。なかでも、人間行動に関する詳細なデータを大量に集められるようになったことは、社会科学にも少なからぬ影響を及ぼすと考えられます。この点についてはさしあたり、アレックス・ペントランド『ソーシャル物理学』（小林啓倫訳、草思社、二〇一五年）をご参照ください。

最後に、なぜかいまだに邦訳が刊行されない重要な古典として、Thomas C. Schelling, ***Micromotives and Macrobehavior***（W. W. Norton, 1978）を挙げておきます。

あとがき

連載開始から本書の脱稿までの二年半ちょっとの間に、私が置かれている環境は大きく変化しました。職場が変わったのもその一つですが、連載中に娘が誕生したこと（連載第四回〔本書④〕「トレードオフ」の校正は、娘の誕生を待ちながら、分娩室の隣の小部屋で白衣を着たまま行っていました）と、追加部分執筆中に、連載開始直前のころから闘病を続けていた母が帰天したことは、特に著しい変化をもたらした出来事です。

私は実家を離れたのが少々早かったので、母と顔を合わせて話す機会はさほど多くはありませんでした。しかも、母が敬虔なクリスチャンでありすぎたためか、私がいざ何か話をしようとしても、いつの間にか教会や神様の話へと導かれてしまうことが常でした。私も私で、近況をこまめに報告したり自分の考えを打ち明けたりするほうではなかったと思います。

しかし現在は、以前と比べて母との距離がちょっと縮まったような感覚があります。母はどういう人生を送っていたのか、あのときどんなことを考えていたのか、といったことをぼんやりと想像しているうちに、母の人格の内面化――もちろん同一化ではなく、一定の距離を保ちながらの内面化――が起きたのかもしれません。とは言っても、内面化された人格は想像上のものにすぎないのですが。

私たちの社会には、新たに入ってくる人もいれば去っていく人もいます。このように表現すると社会は此岸のみにあるように思えますが、実際に私たちの頭の中にある社会は彼岸（多くは想像上の彼岸）も含めて構成されています。

ですが、彼岸からの声を汲み取るのは容易ではありません。去っていった人たちの中には、この世に痕跡を残せた人もそうでない人もいます。たとえ残せたとしても、自分の思ったとおりに痕跡を残せる人などほとんどいないでしょう。

過去のことに思いを致すとき、私たちは非常に厳しい制約条件のもとで想像力を働かせなくてはなりません。ともすれば、わずかな痕跡のみから「復元」した思想を絶対化してみたり、そこに自分自身の考えを滑り込ませたりしてしまいがちですが、去っていった人たちの意思を推量することにはおのずと限界があるはずです。それどころか、現にいる人たちの意思すらもなかなか推し量れないのが私たちなのかもしれません。

こんなことを考えていると、社会科学が社会を解明するためにできることも微々たるものでしかないのでは、という気になってきます。たぶん、実際そうなのでしょう。けれども、「微々たるもの」でも重要性はもちえますし、また、「微々たるもの」にたくさんの人たちの人生が左右されるということもたしかにありました。ですから、社会科学の力を見誤らないように気をつけながら、少しずつ探究を続けていきたいと思っています。

連載執筆中も本書執筆中も、有斐閣の皆様、特に鈴木淳也さんには大変お世話になりました。二〇一二年一二月に「次年度の連載のことでご相談が」というメールをいただいたときは、文字どおり相談だけされるものだと思っていました。今考えてみると、マイナー分野の若輩研究者に毎月三頁分も書かせるのは結構な蛮勇で、編集部の方々にとっても大きな賭けだったのではないかと推測しています。本書の出版が少しでもお返しになればと願っております。

連載中の本務校であった成蹊大学法学部の先生方、現在の職場である東京大学社会科学研究所の先生方、そして、法社会学・法と経済学をはじめとするいろいろな分野の先生方からも、多大な恩恵を受けてきました。厚く御礼申し上げます（あとがきの場で個人名を挙げて謝意を表明することは、ちゃんとした研究書を完成させるときまでとっておこうと思います。引き続きよろしくお願いいたします）。

ここ数年、私はどこか落ち着かず慌しい日々を送っていましたが、妻悠子は自分のための時間を犠牲にして私を支えてくれました。何とか連載を完結させ、出版に漕ぎ着けることができたのは彼女のおかげです。心より感謝いたします。

* * *

二〇一五年一二月

飯田　高

事項索引

＊参照頁が多い場合，主な箇所を太字で表示した。
＊本書に登場しない用語であっても，読者が探す可能性があると思われる用語は索引に掲載した。本書での用語は〔 〕で記したので参照されたい。

さ

た

な

は

人名索引

ま

や

ら

▶著者紹介

飯田　高（いいだ・たかし）

1976年兵庫県生まれ。
東京大学大学院法学政治学研究科助手，
成蹊大学法学部専任講師，助教授，准教授，教授を経て，
2015年より東京大学社会科学研究所准教授。

主要著作

『〈法と経済学〉の社会規範論』（勁草書房，2004年）
『法社会学の新世代』（分担執筆，有斐閣，2009年）
『裁判経験と訴訟行動』（分担執筆，東京大学出版会，2010年）
『労働審判制度の利用者調査』（分担執筆，有斐閣，2013年）

法と社会科学をつなぐ
Connecting Law and Social Sciences

2016年 2 月20日　初版第1刷発行

著　者　飯田　高
発行者　江草貞治
発行所　株式会社　有斐閣

郵便番号 101-0051
東京都千代田区神田神保町 2-17
電話（03）3264-1311〔編集〕
（03）3265-6811〔営業〕
http://www.yuhikaku.co.jp/

印刷・株式会社暁印刷／製本・牧製本印刷株式会社

ISBN 978-4-641-12580-3